Réflexion

le Cœur d'Afrique

Nsa Wato

Dédicaces

À tous les enfants du Congo-Zaïre qui se sentent abandonnés, qu'ils sachent que l'avenir de notre pays est radieux, mais tout dépend de notre prise de conscience, de notre mobilisation, et de notre engagement collectif à changer la trajectoire de notre destin. Que cet ouvrage contribue à l'épanouissement des enfants congolais, surtout à leur épanouissement mental, culturel, et spirituel.

Nous pensons également à nos propres enfants : Mwanga, Musheni, Nkanga, et Mongu qui, bien que nés au Congo-Zaïre, n'ont pas eu la chance de grandir dans la terre de leurs ancêtres. Qu'ils sachent que le Congo-Zaïre n'est pas une jungle, une terre sans lois, comme il leur est présenté en Occident. Nous espérons que cet ouvrage apportera sa modeste contribution à la libération de ce pays-continent dont nous sommes originaires et fiers de l'être.

Remerciements

C'est avec plaisir que nous remercions tous ceux qui nous ont soutenu dans ce travail. Même si nous ne pouvons pas les citer tous, nous ne pouvons pas nous empêcher de mentionner quelques noms : Jacques Nsuami Malanda, Adelard Mongu Bongo, Emmanuel Sikabwe Chandja, François Besa Bolavie, Boureima Hama Sambo, Georges Backoulou, Filipe Muhale, et Joël Goutier pour les encouragements et les conseils qu'ils nous ont prodigués tout au long de ce travail. Leurs conseils et suggestions nous ont permis de réviser et de clarifier beaucoup de passages de cet ouvrage. Nous pensons également à notre chère épouse Nduika Musheni, affectueusement connue sous le nom de Mama Annie, qui nous a soutenu avec assiduité dans l'exécution de ce projet.

Avant-Propos

Ce document est le condensé de nos réflexions personnelles sur la situation que traverse notre pays en ce moment-ci. **Nous sommes en 2021**. Nous ne sommes ni politicien ni activiste politique. Nous sommes seulement mus par des sentiments patriotiques. Nous n'avons aucune expertise spéciale pour présenter un ouvrage politique au sens classique du terme. Nous avons seulement utilisé notre bon sens pour exprimer nos pensées et réflexions telles que nous les ressentions du fond de notre cœur. Ainsi nous n'avons pas cherché à structurer cet ouvrage dans un style orthodoxe de déclaration politique ou de projet de société, car ce n'est ni l'un ni l'autre. Durant plusieurs mois, nous avons couché sur papier nos pensées, réflexions, et convictions personnelles telles qu'elles nous passaient par la tête et les ressentions dans notre cœur. Nous les avons énoncées sous forme de petits paragraphes numérotés comme des alinéas ou préceptes. Nous les avons ensuite regroupées par thème pour une meilleure cohérence d'idées. Les différents thèmes font aussi office de chapitres dans cet ouvrage. Certaines idées sont reprises sous plusieurs thèmes, mais reformulées de manière différente dans chaque chapitre. Le numérotage facilite la lecture et la connexion d'idées entre elles à travers les différents chapitres.

Nous demandons l'indulgence du lecteur pour la forme dans laquelle nous avons présenté nos réflexions. Nous demandons d'être jugé par la profondeur de nos pensées et de nos préoccupations patriotiques, et non par la forme dans laquelle elles sont présentées. Notre intention primaire était simplement d'exprimer de façon brute ce que nous ressentions du fond de notre cœur pour ce pays que nous aimons tant. Nous avons ainsi décidé de condenser nos réflexions dans un document afin de nous servir de base des discussions avec d'autres compatriotes de bonne foi qui acceptent de partager leurs idées et leurs projets de société ou projets de développement pour le Congo-Zaïre, le Cœur d'Afrique. Le lecteur notera aussi que dès le début de cet ouvrage nous utilisons le pronom «nous». Ce n'est pas un nous magistral, mais plutôt un nous collectif, qui sous-entend nous peuple congolais ou mieux ceux qui pensent comme moi, car la responsabilité de relever le pays est collective.

Nous avons ajouté une annexe tout à fait séparée du document principal afin de partager avec le lecteur des propositions concrètes sur un sujet d'actualité dont on parle tant, l'organisation des élections crédibles et transparentes, même si personnellement nous pensons qu'il est illusoire d'organiser des élections fiables et transparentes dans un pays sous occupation comme le nôtre en ce moment-ci. Notre seul souci était de montrer qu'avec un peu de créativité nous Congolais pouvons, si nous le voulons, organiser des élections très fiables avec des moyens matériels simples et dont le coût ne devrait plus être un fardeau pour le trésor public.

Nous assumons l'entière responsabilité des réflexions consignées dans ce document. Elles n'engagent que son auteur que nous sommes.

Sommaire

Thème 1. La Main Invisible de l'Éternel.
Thème 2. La Récente Descente aux Enfers
Thème 3. Les Causes Profondes de Notre Décadence
Thème 4. La Reprise de Conscience et la Volonté de Sortir de l'Abîme
Thème 5. La Révision de la Constitution après la Libération du Pays
Thème 6. Redéfinir le Profil du Nouveau Dirigeant Politique
Thème 7. Deux Domaines Prioritaires : l'Education et la Santé
Thème 8. Il Faut Combattre les Inégalités Sociales
Thème 9. La Lutte Contre l'Oppresseur Doit Être Méthodique
Thème 10. Préparer le Peuple au Soulèvement Populaire
Thème 11. Une Transition Afin d'Installer des Institutions Stables
Thème 12. Bâtir les Bases d'une Economie au Profit du Peuple
Thème 13. Le Peuple Est le Souverain Primaire et Autorité Suprême de la Nation
Thème 14. Redéfinir Nos Relations avec la Communauté Internationale
Thème 15. Notre Refus Catégorique d'Adhérer à un Parti Politique
Conclusion. Le Résumé de Nos Pensées
Annexe. Election à Ciel Ouvert et Comptage des Vois en Pyramide

Réflexions sur le Congo-Zaïre, Le Cœur d'Afrique

-o-O-o-

Thème 1. La Main Invisible de l'Éternel

1.1. Le Congo-Zaïre est un pays béni par L'Éternel Dieu Tout-Puissant. L'immensité de son territoire, sa position au centre de l'Afrique, et ses richesses énormes, font du Congo-Zaïre le véritable cœur du continent africain. L'Éternel Dieu Tout-Puissant a tant aimé son peuple qu'il lui assurât lui-même son intégrité territoriale en dépit des agressions continues des envahisseurs extérieurs. Mais le peuple qui habite cet immense territoire a lamentablement failli à ses responsabilités collectives. Nous, peuple congolais, devons corriger les erreurs du passé afin de poursuivre le plan merveilleux que L'Éternel Dieu Tout-Puissant a tracé pour son peuple.

1.2. Du 15e au 19e siècles, l'esclavagisme et la traite des noirs d'Afrique ont décimé les populations africaines par des millions. Malgré l'intensité des massacres et les intentions macabres des esclavagistes, nos ancêtres ont survécu l'extermination pendant qu'à travers le monde des peuples entiers ont disparu sous le joug des mêmes envahisseurs et certains ont été réduits au rang de vestiges anthropologiques sur leurs propres terres.

1.3. Au 19e siècle, c'est encore la main de L'Éternel qui protégea son peuple. Elle délimita le contour du territoire que L'Éternel Dieu Tout-Puissant donna à son peuple alors que les vautours de l'Europe dépeçaient l'Afrique en petits morceaux à partir de Berlin en 1885. Les Occidentaux croyaient s'offrir un cadeau d'exploitation commune et de libre-échange au centre même de l'Afrique et ils en confièrent la gestion à Léopold II, le roi des Belges.

1.4. Au début des années 1960, après 80 ans de colonisation, c'est encore la main de l'Éternel qui restaura l'intégrité du territoire qu'IL donna jadis à son peuple alors que les structures de la nouvelle nation étaient complètement paralysées par la guerre froide à laquelle les États-Unis et l'Union Soviétique, les deux super puissances de l'époque, se livraient sans merci sur notre territoire, et que le pays était en proie d'être démembré par des sécessions et des rébellions savamment organisées par les mêmes puissances extérieures en complicité avec les multinationales et leurs marionnettes locales.

1.5. Tout récemment, depuis 1996, l'incapacité des puissances extérieures de matérialiser leur plan de balkanisation du Congo-Zaïre, alors qu'elles ont militairement occupé le pays et infiltré toutes les structures de l'état depuis plus de vingt ans, est encore une illustration de la main de L'Éternel Dieu Tout-Puissant qui protège son peuple.

1.6. Enfin, malgré l'exploitation éhontée et criminelle des richesses de notre pays par des puissances extérieures, L'Éternel Dieu Tout-Puissant ne cesse de pourvoir à son peuple des ressources naturelles de toutes sortes, du caoutchouc au coltan et à la cassitérite, en passant par une faune et une flore dont la biodiversité est unique sur la planète. C'est pratiquement chaque année qu'on découvre des nouvelles richesses dans ce pays. Ce n'est pas sans raison que l'ancienne puissance coloniale (la Belgique) a qualifié le Congo-Zaïre de «scandale géologique». Quant à nous, c'est plutôt une bénédiction divine et un devoir sacré de préserver ce paradis terrestre.

Thème 2. La Récente Descente aux Enfers

2.1. Nous n'allons pas remonter jusqu'au déclin de la glorieuse civilisation pharaonique des peuples noirs d'Afrique. Nous parlons ici de l'histoire récente du Congo-Zaïre. Depuis 1996 de grandes puissances et des multinationales ont assujetti la nation congolaise, par le Rwanda et l'Ouganda interposés. Toutes les institutions stratégiques du pays (l'armée, la police, le gouvernement, les services de renseignement, le fisc, etc.) sont ouvertement instrumentalisées par les puissances extérieures avec la complicité des hommes politiques nationaux qui se complaisent à ramasser les miettes en dessous de table de leurs maîtres étrangers. Le Rwanda et l'Ouganda ne sont en fait que des sous-traitants des grandes puissances étrangères qui, elles, ont toujours gardé non seulement le Congo-Zaïre, mais l'Afrique tout entière sous leur tutelle, tantôt de façon voilée, tantôt de façon ouverte, et cela depuis plusieurs siècles (nous disons bien plusieurs siècles).

2.2. La situation que traverse actuellement le Congo-Zaïre est unique au monde. C'est un chao politicoéconomico-social total. Un génocide de grande envergure se passe sous nos yeux à la grande indifférence du monde entier. Des millions de Congolais sont systématiquement massacrés, juste pour piller les richesses de ce pays au profit des grandes puissances de ce monde. Le carnage est d'une horreur ahurissante, mais pratiquement personne ne bronche un mot. C'est comme si toutes les grandes puissances de ce monde s'étaient liguées contre le peuple congolais afin de lui exproprier ses richesses. Et ces grandes puissances laissent leurs garçons de course, le Rwanda et l'Ouganda, faire la sale besogne.

2.3. Si l'occupation ou la tutelle que subit le Congo-Zaïre est un échec collectif, c'est avant tout à la classe dirigeante qu'incombe la plus grande responsabilité. Nos dirigeants ont lamentablement failli à leur mission. Le peuple congolais s'est résigné dans l'égarement et la perdition comme des brebis sans berger. Les seuls domaines dans lesquels les dirigeants congolais excellent sont des discours creux et vides, des pourparlers et des dialogues inutiles, l'élaboration des plans machiavéliques pour se détruire mutuellement, et le développement de la haine des uns contre les autres.

2.4. L'Afrique tout entière se relèvera quand le Congo-Zaïre, son véritable cœur, reprendra à fonctionner normalement. La vocation africaine du Congo-Zaïre est un devoir sacré auquel le peuple congolais ne pourra jamais se soustraire. L'avenir d'un continent et d'une race en dépend. Frantz Fanon n'avait-il pas dit que l'Afrique avait la forme d'un revolver dont la gâchette se trouvait au Congo. L'oppression du continent noir n'a que trop duré. Nous devons y mettre fin.

Thème 3. Les Causes Profondes de Notre Décadence

3.1. Les causes profondes de la décadence du peuple congolais sont multiples. Nous pouvons les résumer en quelques points, qui sont en fait liés les uns aux autres : (1) l'aliénation mentale ; (2) l'ignorance collective ; (3) la disparition des idéaux et des valeurs morales et spirituelles ; (4) la montée de l'immoralité et de la haine ; (5) l'égoïsme et l'effritement de l'intérêt public ; (6) la corruption et l'envie exagérée du gain facile ; (7) le tribalisme et l'ethnocentrisme. Vous remarquerez que nous n'avons pas cité le manque d'argent et le manque de technologie, c'est parce que nous sommes convaincus qu'ils ne sont pas du tout parmi les causes de la décadence de notre peuple.

3.2. *L'aliénation mentale*. Depuis le 14e-15e siècle AD (il y a à peu près six siècles) le peuple congolais, comme la quasi-totalité des peuples noirs d'Afrique, a subi des invasions successives des puissances extérieures : les esclavagistes, les explorateurs européens, les colonisateurs, les marchands étrangers, et tout récemment les multinationales des temps modernes et leurs alliés néocolonialistes. Nos ancêtres ont été intimidés par ces envahisseurs, qui jouissaient d'une certaine supériorité sur le plan *matériel* (nous soulignons - *uniquement matériel*). Ils avaient l'arme à feu, l'argent, et des technologies que nos ancêtres n'avaient pas. Au cours des siècles, de génération en génération, cette intimidation a conduit à la résignation, à la renonciation de notre moi culturel, et au complexe d'infériorité dont la plupart d'entre nous n'en sont même plus conscients. Comme dans le *syndrome de Stockholm*, beaucoup d'Africains ont fini par sympathiser avec leurs bourreaux. Ils se complaisent à les imiter, et ils vont jusqu'à les considérer comme l'étalon de mesure pour évaluer leur propre progrès. C'est le tableau classique d'aliénation mentale.

3.3. Nonobstant l'aliénation mentale que nous constatons dans le chef des peuples africains en général et Congolais en particulier, nous reconnaissons toutefois qu'il y a eu beaucoup d'empires africains précoloniaux qui ont connu des périodes d'apogée indéniable dont nous sommes très fiers. Nous avons fait allusion à la grande civilisation des peuples noirs de l'Égypte antique et bien d'autres empires. Mais hélas, force nous est de constater que nous africains avons beaucoup perdu de la glorieuse histoire de nos ancêtres. Et face aux envahisseurs des temps modernes (les grandes puissances de l'Occident et leurs laquais), la mentalité collective des peuples africains est entrée en décadence et peine terriblement à se relever.

3.4. *L'ignorance collective.* Il ne s'agit pas ici de manque d'éducation scolaire ou académique (dont nous ne négligeons pas l'importance dans le développement d'un pays), mais plutôt de la perte de la connaissance profonde du concept de survie des peuples. De façon collective, le peuple congolais ignore ses droits même les plus élémentaires et partant il accepte volontiers des brimades et des injustices de tout genre. Il ignore son histoire même la plus récente (qui ne lui est pas enseignée) et partant il commet les mêmes erreurs, mais espère avoir des résultats différents. Cette ignorance l'a conduit à ne plus comprendre les enjeux de la domination extérieure dont il est victime. Il est impossible de nous libérer si nous ne comprenons même pas les tenants et les aboutissants de l'oppression dans laquelle nous sommes assujettis. « Mon peuple périra parce qu'il lui manque la connaissance » (Bible, Osée 4 : 6). « Vous connaitrez la vérité et la vérité vous affranchira » (Bible, Jean 8 : 32).

3.5. *La disparition des idéaux et des valeurs morales et spirituelles*. C'est le manque d'aspiration à des valeurs supérieures au-delà du matériel telles que l'amour du prochain (la fondation de toutes les croyances spirituelles depuis que l'homme est homme), le respect du bien commun même quand personnellement on n'en bénéficie pas directement, l'amour de la patrie (ce sentiment profond de défendre son pays en oubliant ses intérêts personnels et cela même au prix de son sang), le courage de défendre des valeurs morales telles que la liberté d'expression, la protection des faibles et des moins nantis de la société (les pauvres, les vieillards, les personnes handicapées, les enfants et les femmes), le droit de pratiquer la religion de son choix dans le respect mutuel d'autres croyances, etc. Toutes ces valeurs, nous les perdons les unes après les autres.

3.6. *La montée de l'immoralité et de la haine*. Quand les valeurs morales décrites ci-dessus disparaissent, c'est l'immoralité et la haine qui refont surface dans l'espace social. Nous assistons depuis quelques décennies à la dépravation des mœurs, à l'institutionnalisation de la corruption et de l'escroquerie, à l'étalage d'obscénités dans la place publique, à la pratique de la violence contre les faibles, à l'exploitation sauvage de l'homme par l'homme, et à la montée de la haine surtout dans le domaine politique. Et ainsi, quand les actions des hommes ne sont plus guidées par des valeurs morales et spirituelles, leur comportement s'approche à celui des animaux dans la jungle.

3.7. *L'égoïsme et l'effritement de l'intérêt public* : Tout être humain aspire à subvenir à ses besoins personnels et à ceux de sa famille, mais il y a égoïsme quand l'homme ne voit plus que ses intérêts personnels au détriment du bien commun de la société et du pays. C'est souvent le manque d'aspiration à des valeurs supérieures non matérielles telles qu'énumérées plus haut qui mène à cet état d'âme au point qu'on ne voit plus que son propre ventre. C'est monnaie courante dans notre pays de voir des dirigeants sacrifier le patrimoine national au profit des étrangers pourvu qu'ils gagnent quelque chose pour eux-mêmes (souvent ce ne sont que des miettes qu'ils ramassent sous la table des oppresseurs et des exploitants étrangers).

3.8. *La corruption et l'envie exagérée du gain facile*. La corruption est un corollaire de l'égoïsme et de manque d'aspirations aux valeurs supérieures morales et spirituelles dont nous avons parlé plus haut. La corruption existe dans tous les pays du monde, mais ce mal a atteint des proportions épidémiques dans notre pays. Nous avons érigé la corruption au niveau des pratiques normales dans la gestion de la chose publique et dans les transactions commerciales. La course effrénée à des gains faciles et aux résultats instantanés a étouffé le développement d'entreprises privées de moyenne et grande envergure pour lesquelles il faut investir beaucoup d'argent et attendre deux ou trois ans avant de récolter les premiers bénéfices.

3.9. *Le tribalisme et l'ethnocentrisme.* Il est de la nature de l'homme de ressentir une certaine affinité vis-à-vis de ceux avec qui il partage la même culture ou le même dialecte, mais favoriser systématiquement les ressortissants de sa tribu ou de son ethnie est un véritable frein à l'unité et au progrès du pays. Ce fléau a négativement affecté toutes les structures administratives et politiques de notre pays. D'un côté, en comptant sur sa tribu ou son clan, le dirigeant tribaliste se minorise lui-même (sans s'en rendre compte), car il n'y a aucune tribu majoritaire au Congo-Zaïre. Et de l'autre côté, les administrés qui se sentent abandonnés perdent toute motivation pour un travail bien accompli, car l'appartenance tribale prime sur les qualités professionnelles. Nous y reviendrons aux Points 6.5 et 6.6.

Thème 4. La Reprise de Conscience et la Volonté de Sortir de l'Abîme

4.1. Une *reprise de conscience collective* s'impose. Les voies de sortie de cette crise et le début de toutes solutions passent impérativement par la prise de conscience de notre décadence en tant que peuple, le besoin de recréer une mentalité nouvelle, de redresser l'échelle de valeurs dans la société, et de se fixer des objectifs simples et mesurables à court, moyen, et long-termes. On ne fait du progrès que quand on reconnait ses erreurs et ses faiblesses, et que l'on prend consciemment la résolution d'y remédier.

4.2. La prise de conscience *doit se faire à plusieurs niveaux* : La jeunesse (l'éducation), la classe politique, les leaders sociaux, les acteurs économiques, la presse, les mass-médias, les associations professionnelles, etc. Et comme nous ne cesserons de le dire, la prise de conscience à elle seule ne suffit pas. Pour voir le moindre changement, il faut poser des actes concrets pour démontrer cette prise de conscience. Et avant de mener des actions, il faut les concevoir et les énoncer clairement. Il faudra initier des actions dans plusieurs secteurs clés de la vie nationale pour créer un Congo nouveau.

4.3. Notre *système d'enseignement* doit être réformé afin d'y intégrer une composante non académique d'éducation civique, morale, culturelle, et spirituelle. C'est un travail de longue haleine, qui va requérir beaucoup d'innovations de la part de nos éducateurs et une réévaluation permanente pour mesurer continuellement le progrès et si nécessaire redresser la trajectoire de notre progrès dans ce domaine.

4.4. La *classe politique et les leaders sociaux* doivent se placer à l'avant-garde du changement de mentalité du Congolais. À travers leurs actions et non seulement leurs paroles, ils doivent montrer que les intérêts du pays représentent leur premier souci et que ceux-ci priment sur toute autre considération. La classe politique doit cesser avec la culture du mensonge et de la haine des uns contre les autres qu'ils ont érigées comme seul mode de stratégie. Les leaders politiques doivent clairement montrer que leur légitimité vient du peuple congolais et non de leurs maîtres à penser de l'Occident.

4.5. *L'armée et la police nationales* doivent être totalement refondues. Comme dans tous les pays du monde, ces deux institutions sont censées représenter le pouvoir de l'état, le garant de la souveraineté nationale et de l'intégrité du territoire, le garant de la paix et de l'ordre public, et enfin le garant de la protection des citoyens et de leurs biens. Pour le moment, en lieu et place d'une armée et d'une police nationales, nous avons une milice d'occupation télécommandée de l'extérieur pour défendre les intérêts des occupants. Et bien avant la récente occupation de 1997, l'armée du Marechal Mobutu était tribalisée au niveau des officiers supérieurs, ce qui la rendait inefficace.

4.6. Afin que la *loyauté à la nation tout entière* soit la motivation première de l'armée et de la police, nous préconisons un système de mixage équitable dans toutes les unités. Par mixage équitable nous entendons une *distribution représentative de tous les groupes ethniques du pays aussi bien au niveau des officiers que des troupes*. Aucune ethnie ne peut s'arroger la part du lion dans l'armée ou la police. L'armée et la police doivent être le reflet de l'ensemble du peuple congolais. En dehors de ses fonctions de défense et de protection du pays, l'armée et la police deviendront aussi des modèles dans la lutte contre le tribalisme. Les militaires en particulier ne peuvent pas rester en grand nombre dans leurs milieux d'origine.

4.7. *L'administration publique* doit être totalement apolitique, républicaine, et au service des citoyens. L'administration doit être restructurée de façon à restaurer la transparence et l'équité et à éliminer les tracasseries inutiles qui caractérisent notre administration. Dans la lutte contre le tribalisme, nous devons reprendre l'expérience de la deuxième république en réaffectant les responsables administratifs en dehors de leurs provinces ou districts d'origine, tout en conservant une distribution ethnique équitable parmi ces responsables administratifs. Comme nous l'avons dit pour l'armée, l'administration publique doit être le reflet de l'ensemble du peuple congolais. Nous ne pouvons laisser une ethnie ou un petit groupe d'ethnies occuper un nombre disproportionné de postes dans l'administration publique.

4.8. Notre *appareil judiciaire* doit être reformé. Nous reconnaissons que notre appareil judiciaire regorge de compétences incontestables, mais son fonctionnement est torpillé par des injonctions politiques, le trafic d'influence, la corruption, et tout cela dans un climat sociopolitique malsain. Nous devons exiger que le pouvoir judiciaire soit réellement indépendant dans l'administration de la justice.

4.9. En contrepartie de la garantie d'indépendance, les magistrats devront démontrer leur capacité de rendre la justice en toute équité et impartialité. Les magistrats ne devront exercer aucune activité politique ou commerciale. Nous proposons que les magistrats soient soumis à un système d'évaluation populaire comme ce sera le cas pour beaucoup d'autres hauts fonctionnaires de l'état. Nous y reviendrons plus loin (Points 13.10 et 13.11).

4.10. Nous proposons aussi la création d'un corps d'*avocats du peuple* pour défendre les justiciables. Ils seront membres à part entière de l'appareil judiciaire et payés par l'état au même titre que les autres magistrats (juges et procureurs). Les avocats privés continueront à exercer leur profession comme par le passé, mais ce nouveau corps d'avocats sera au service du peuple. Tout citoyen de notre pays, quel que soit son rang social, doit se sentir légalement protégé même quand il a commis une infraction, aussi grave et répréhensible soit-elle. Aucun citoyen ne devra être jugé sans l'assistance d'un avocat.

4.11. *Les structures économiques* doivent être totalement refondues et tournées vers un seul objectif : le véritable bien-être du peuple et non d'un groupe privilégié d'opérateurs économiques. Le rôle de l'état est d'attirer les investisseurs (nationaux et étrangers), de stimuler l'entrepreneuriat (surtout des nationaux), et de mettre en place les règles du jeu qui empêchent l'exploitation éhontée de la population au seul profit des opérateurs économiques. Il est plus que temps que le peuple Congolais commence à jouir des richesses dont l'Éternel Dieu Tout-Puissant lui a gracieusement pourvues.

4.12. La relance économique commence elle aussi par une libération mentale dans ce domaine. Nous ne cesserons de clamer tout haut que le sous-développement est avant tout un problème mental. L'Occident a réussi à nous embourber pendant plusieurs générations dans une mentalité de pauvreté et de mendicité. À cause de cette mentalité, le villageois dont le sous-sol regorge de diamant et de coltan se considère pauvre et se met à genou au service de l'exploitant étranger. Il accepte un salaire de misère qui ne lui permet même pas de nourrir décemment ses enfants pendant que l'exploitant étranger fait des réserves énormes non seulement pour lui-même, mais aussi pour ses enfants, ses petits-enfants et arrière-petits-enfants avec ce qu'il tire de notre pays. Ce marché de dupe, qui n'est que la conséquence d'une mentalité de pauvreté et d'infériorité, doit cesser.

4.13. Dans le même esprit de libération mentale, nous préconisons dans le domaine économique un schéma que certains qualifieront de non-orthodoxe. Nous devons commencer par des activités économiques qui garantissent l'*autosuffisance alimentaire* à notre peuple. Nous devons nous assurer que nous produisons suffisamment ce que nous mangeons et que notre pays n'importe pas la nourriture de base telles que le manioc, le maïs, le riz, le poisson, la viande, les légumes, les fruits, etc. Tout le reste viendra après. Tant que nous importons la nourriture de base, nous resterons extrêmement vulnérables dans tous les autres domaines. Nous reviendrons sur deux priorités de développement au Chapitre 7.

4.14. Toutes les activités économiques du pays doivent être dominées par des nationaux, c.-à-d. par des citoyens congolais qui portent ce pays dans leurs cœurs en dépit de leurs intérêts financiers personnels. Toutefois, nous resterons ouverts à la collaboration avec des investisseurs étrangers, mais nous ne permettrons jamais un secteur de l'économie du pays être dominé par des étrangers. Et plus particulièrement, le système bancaire, y compris les banques privées, ne peut pas être contrôlé par des entités étrangères. Nous reviendrons plus en détail sur la relance économique au Chapitre 12.

Thème 5. La Révision de la Constitution après la Libération du Pays

5.1. Parmi les premiers changements qu'il faut apporter pour recréer la nation congolaise figure la *révision de la constitution*, qui est la loi fondamentale du pays. Nous partageons l'avis que la constitution actuelle est une charte d'occupation. Elle a été sournoisement manipulée afin d'asseoir l'occupation. Elle doit être fondamentalement révisée. Nous suggérons que les points suivants fassent l'objet de questions séparées lors du référendum pour l'adoption d'une nouvelle constitution, qui n'interviendra qu'après la libération du pays.

5.2. *La nationalité congolaise* doit être clairement définie. Nous devons éviter les erreurs du passé. Première erreur grave : En 1972 le président Mobutu avait accordé sur ordonnance présidentielle la nationalité Zaïroise en masse à tous les Rwandais qui avaient résidé pendant dix ans au Zaïre (maintenant République Démocratique du Congo) sans distinction aucune. Quelques années plus tard, sur conseil de certains juristes autour de lui, il s'est rétracté et la loi fut abrogée en 1981. Deuxième erreur grave : Le Président Laurent Désiré Kabila, qui a succédé au Président Mobutu, s'est littéralement fait escorter par des troupes étrangères, principalement rwandaises et ougandaises, qui une fois sur le sol congolais se sont déclarées congolaises. James Kaberebe, sujet rwandais de sang pur, était nommé chef d'état-major général de l'armée congolaise, avant de rentrer plus tard chez lui au Rwanda pour les mêmes fonctions et ministre de la défense. Quand Le Président Laurent Désiré Kabila s'est rendu compte de l'immensité de son erreur ou de sa naïveté, c'était trop tard. Troisième erreur grave, qui n'est que la conséquence logique des erreurs précédentes : nous-mêmes Congolais avons permis à un autre sujet 100% rwandais de se hisser à la tête de l'état comme président de la république. Il y est resté pendant 18 ans. Il a ostensiblement triché deux fois des élections auxquelles il ne devait même pas participer. Il a consolidé l'occupation du pays par les forces étrangères. Les officiers rwandais se comportent comme en territoire occupé sur le sol congolais au su et au vu de tous. Il n'est pas encore trop tard de nous réveiller.

5.3. L'acquisition de la nationalité congolaise ou le maintien d'une double nationalité doivent être clairement définis. Certaines conclusions des

«Concertations Nationales» de 2014 ayant trait à *l'irrévocabilité de la nationalité congolaise d'origine* (c'est-à-dire acquise par le sang à travers les parents) peuvent servir d'élément de travail sur la question de nationalité. Nous voulons ajouter un élément qui n'a peut-être pas été débattu dans ces assises : le principe de **réciprocité**. Nous devons considérer une disposition spéciale d'exclusion pour les ressortissants des pays qui refusent d'accorder leur nationalité aux Congolais vivant chez eux ou qui le font de façon trop sélective au détriment de nos ressortissants.

5.4. Les conditions d'éligibilité à la magistrature suprême doivent être très rigoureuses étant donné l'histoire malheureuse que notre pays a traversée, plus particulièrement l'occupation patente depuis 1997. Nous devons revenir aux dispositions des constitutions antérieures qui exigeaient que le président de la république soit congolais d'origine de père et de mère. Il y a des pays qui vont plus loin, jusqu'au niveau des grands-parents. Le principe de base ou l'intention primaire sont les mêmes, c'est d'éviter que celui qui représente la nation au plus haut sommet ne soit assujetti à des allégeances ou à des loyautés à d'autres pays, ne serait-ce que pour une période transitoire de cinquante à cent ans. Nous comprenons bien les émotions que suscite ce principe pour certains compatriotes. Les lois en cette matière doivent être soigneusement élaborées de façon à éviter de viser certains individus pour des raisons politiques évidentes. Le débat doit être ouvert et le peuple devra se prononcer par référendum.

5.5. *Le nom du pays* : République Démocratique du Congo, République du Zaïre, ou tout autre nom que le peuple choisira librement. Nous devons mettre fin aux caprices des chefs d'état de changer le nom du pays à leur guise. C'est au peuple de se choisir librement un nom. Parmi les choix à soumettre au peuple, nous proposons le nom de «***Cœur d'Afrique***» parce que nous le sommes ; et ses habitants s'appelleront «*coeurafricains*». D'autres suggestions seront les bienvenues et il appartiendra au peuple de prendre la dernière décision.

5.6. *Carte d'identification des citoyens* : Le Congo est peut-être le seul pays au monde où les citoyens n'ont pas une carte d'identité. Depuis la fin de la deuxième république (1997), l'administration congolaise n'a plus jamais émis des cartes d'identité. L'intention de l'occupant est claire ; c'est de détruire l'identité du Congolais, c.-à-d. ne plus savoir qui est congolais et qui ne l'est pas. Après la libération, l'état doit créer et maintenir un fichier d'identification nationale. Maintenir une base de données de quatre-vingts à cent millions d'habitants n'est pas du tout une tâche insurmontable ou trop coûteuse. Le fichier devra contenir suffisamment de détails pour permettre des vérifications très détaillées surtout dans la partie Est du pays où les envahisseurs venant des pays voisins ont délogé les populations autochtones. Le fichier d'identification nationale va également servir de base de données pour la création du fichier électoral dont on parle tant.

5.7. Pour les mêmes raisons qu'au point précédent, le fichier d'identification nationale va de pair avec l'organisation des **recensements scientifiques** à des intervalles réguliers (tous les cinq ou dix ans) comme disposition constitutionnelle au lieu de s'en servir comme subterfuge pour reporter les élections. Il est temps qu'on sache avec précision le nombre des Congolais avec toutes les statistiques démographiques y afférentes, d'identifier les étrangers qui vivent dans notre pays, et d'identifier les Congolais qui vivent à l'étranger, pays par pays. Ces données serviront de base à toutes les planifications et projections socioéconomiques. Il faut que l'on sache les nombres de bouches à nourrir, le nombre d'enfants en âge de scolarité, le nombre de personnes en chômage et en quête d'emploi, le nombre de personnes handicapées, d'orphelins et de vieillards en état de besoin immédiat, etc. Encore une fois, le recensement n'est envisageable qu'après la libération du pays, car pendant l'occupation les occupants s'enregistreront comme Congolais.

5.8. *Les grandes options de système politique* : Fédéralisme ? Unitarisme ? Unitarisme avec décentralisation administrative des provinces ? Etc. C'est au peuple de choisir ces grandes options politiques pour le pays. Nous savons par exemple que l'option de République par opposition au système de Royaume n'est plus à remettre en question. Nous sommes en faveur d'un état unitaire, car nous craignons les dérives d'un système fédéral s'il n'est pas bien contrôlé ; mais ce débat doit se faire de façon publique et nous devrons permettre au peuple de peser le pour et le contre de différentes options et de s'exprimer librement. Nous n'avons aucun doute que le peuple pourra aussi confirmer par voie référendaire les prérogatives dévolues au gouvernement central. Ainsi par exemple, la sécurité, l'armée, et la police doivent rester sous le contrôle du gouvernement central. Les relations avec les autres pays et le commerce extérieur doivent aussi rester sous le contrôle du gouvernement central.

5.9. *La terre, le sous-sol, et l'espace aérien* sont des propriétés exclusives de l'ensemble du peuple représenté par l'état. Vendre la terre aux étrangers, c'est vendre indirectement le pays et partant notre souveraineté ; et cela équivaudrait à la trahison. Nous devons invalider par voie référendaire tous les contrats, sans exception aucune, qui ont cédé un lot de terre, si petit soit-il, aux étrangers. Étant donné leur importance, les dispositions claires concernant la terre et le sous-sol doivent être consignées dans la constitution. Les étrangers seront certainement autorisés à posséder des maisons, des fermes, des usines, etc., mais les espaces qu'ils occupent leur seront octroyés purement à titre de location, c.-à-d. sans le plein droit de propriétaire terrien. Le recours à la *loi Bakajika*.

5.10. Quelles que soient les options de la politique de base et de la taille du gouvernement central, l'administration du gouvernement central doit être ***géographiquement dispersée*** à travers le pays. Il faut que l'ensemble du peuple sente la présence de l'autorité centrale en dehors des représentants locaux. Chaque province abritera un ou deux ministères du gouvernement central. Il en sera de même des entreprises publiques et paraétatiques. Il ne serait pas non plus exagéré d'organiser la moitié de sessions parlementaires dans d'autres grandes villes du pays en dehors de Kinshasa. La cour suprême et d'autres cours à juridiction nationale pourront être installées en dehors de Kinshasa. Dans le même ordre d'idée, le président de la république devra passer la majorité de son temps à l'intérieur du pays afin de communier avec le peuple.

Thème 6. Redéfinir le Profil du Nouveau Dirigeant Politique

6.1. Toutes les hautes fonctions politiques doivent être exercées de façon bénévole, c'est-à-dire ***absolument non rémunérées*** : le président de la république, les ministres et vice-ministres, les gouverneurs et vice-gouverneurs, les présidents directeurs généraux des entreprises publiques, les sénateurs, et les députés. Notre conviction profonde est de créer une nouvelle tradition politique - celle de réserver les hautes fonctions aux personnes qui sont totalement disposées à servir le pays sans la moindre intention de se servir elles-mêmes. Ensemble nous devons mettre en place un système rigoureux de contrôle qui démontrera à suffisance que ces personnes n'utilisent même pas de voies détournées ou indirectes pour s'octroyer des avantages matériels à travers leurs fonctions. Nous pouvons à la limite et de façon exceptionnelle leur assurer un logement si leurs fonctions les obligent à habiter à un endroit précis, loin de leur résidence habituelle.

6.2. Pour certains, travailler sans rémunérations semble trop radical et contraire au principe qui stipule que l'ouvrier mérite son salaire. Nous comprenons leurs réticences, mais nous leur disons que nous ne parlons ici que des dirigeants politiques au sommet des institutions et non des fonctionnaires ordinaires de l'état. Nous pensons qu'à ce niveau-là de responsabilité nationale, l'absence de compensation monétaire donne un cachet spécial à ces fonctions, et cela reflète la noblesse et la grandeur d'âme que nous exigeons de la part de ceux qui sont appelés à animer les institutions nationales au plus haut sommet. Pensons un moment au jeune soldat qui défend son pays jusqu'au sacrifice suprême, gagne-t-il un gros salaire ? Pourtant il est prêt à verser son sang seulement par amour pour son pays. Nous sommes convaincus que pour les hautes et nobles fonctions de l'état, seules les personnes qui ont atteint ce niveau d'abnégation et dévouement peuvent les exercer. Seul un changement radical de ce genre mettra fin à la culture de vautours que nous avons créée dans notre pays.

6.3. Les candidats à ces fonctions doivent être recrutés parmi les personnes qui ont atteint un certain niveau dans la vie et qui peuvent honnêtement et avec honneur affirmer ce qui suit : *J'ai fait une carrière brillante dans tel ou tel domaine. J'ai élevé une famille dont je suis fier. J'ai amassé de façon honnête suffisamment des biens pour garantir la* *survie et l'avenir de ma famille. Je suis maintenant arrivé à un niveau où je me sens capable de partager avec la société les fruits de ma réussite dans la vie. Je suis prêt à servir mon pays en acceptant de travailler sans rémunération pendant l'exercice de mes fonctions.* Nous savons que ces personnes existent dans notre pays même si elles sont constamment étouffées par les politiciens commerçants. Nous pouvons les identifier. Cela nous permettra de combattre la mauvaise tradition d'utiliser les hautes fonctions politiques pour s'enrichir au détriment du peuple.

6.4. **Non à la déification des dirigeants.** Dans le même contexte du renouvèlement du profil des dirigeants politiques, nous demandons à la population de mettre fin à la mauvaise habitude qu'elle a créée de considérer les chefs de leurs partis politiques comme de super hommes ou des demi-dieux. C'est à travers cette glorification exagérée que parfois le peuple crée ses propres bourreaux. Le respect de l'autorité n'est pas synonyme d'adoration ou de fanatisme aveugle. Ne déifions pas nos dirigeants même ceux que nous avons élus en toute liberté et transparence. Les dirigeants doivent plutôt être les serviteurs du peuple qui, lui, est l'autorité suprême de la nation en dehors de Dieu, Créateur de l'univers. C'est cette inversion de rôles qui conduit à l'adoration des dirigeants et au mépris ou à l'abandon de la grande masse. Nous y reviendrons au Chapitre 13.

6.5. Non au tribalisme dans le chef des dirigeants.
Nous préconisons la préservation de l'équilibre sociologique dans l'exercice du pouvoir afin d'éviter des frustrations sociales. D'une part, nous devons avoir le courage et l'honnêteté de reconnaitre que beaucoup de Congolais (comme c'est le cas dans beaucoup d'autres pays du monde) restent attachés à leurs groupes ethniques ou linguistiques. C'est une tendance naturelle que nous devons transcender, car elle conduit généralement au tribalisme que nous combattons avec force. D'autre part, il serait aussi irresponsable, naïf, et hypocrite de renier l'omniprésence de cette réalité sociale et émotionnelle. Nous souscrivons au principe qu'il y a des compétences dans tous les groupes ethniques ou linguistiques. Ne pas savoir les identifier serait alors de l'incompétence de la part du dirigeant politique lui-même. À titre d'illustration, peut-on imaginer un gouvernement central qui ne serait constitué que des ressortissants d'un groupe ethnique ou linguistique sous prétexte que ce sont des personnes compétentes que l'on a choisies ? Que dire d'une armée dont la majorité d'officiers aux postes stratégiques serait originaire

d'un même groupe ethnique ? Ainsi, le respect de l'équilibre sociologique dans l'exercice du pouvoir est en fait un des moyens efficaces de lutter contre le tribalisme dans notre pays.

6.6. Dans le même ordre d'idées que le point précédent, même dans les pays dits de «vieille démocratie» comme les États-Unis d'Amérique, l'effort de préserver l'équilibre sociologique dans l'exercice du pouvoir est évident. Depuis quelques décennies les présidents américains s'arrangent toujours à avoir dans leurs cabinets quelques personnes de groupes sociaux minoritaires (les Noirs, les Hispaniques, ou les Asiatiques) alors que la majorité blanche regorge de toutes les compétences. En Belgique, l'équilibre linguistique entre Wallons et Flamands dans les institutions fédérales est plus qu'officiel. Au Liban, la distribution du pouvoir au sommet des institutions (présidence, parlement, et primature) est faite sur des bases confessionnelles et ethniques entre chrétiens maronites, musulmans chiites et sunnites. Un système similaire est en train de s'installer en Irak entre les sunnites, les chiites, et les kurdes. Il y a beaucoup d'autres exemples à travers le monde. Le souci primordial est d'éviter des frustrations sociales de grande envergure et la dérive au tribalisme.

6.7. *Elections des dirigeants.* Seules les élections libres et transparentes permettront au peuple de se choisir ses dirigeants. Nous devons maintenir le principe de suffrage universel direct. Avec un peu de créativité, nous pouvons réduire le coût des élections tout en maintenant le mode de suffrage universel direct. Nous allons explorer la faisabilité de ce que nous appelons les élections «*à ciel ouvert*» et la collecte des résultats en système «*pyramide*» (voir une description détaillée dans l'Annexe à la fin de cet ouvrage). Obtenir des résultats préliminaires suffisamment fiables endéans 24 heures dans notre pays n'est pas du tout du domaine de l'imaginaire ou un rêve pieux. C'est très réalisable. Confirmer les résultats, procéder aux vérifications administratives de routine, et publier les résultats finals endéans une semaine sont aussi très réalisable dans notre pays si nous le voulons. Beaucoup de pays que l'on considère sous-développés terminent tout le processus en 3-4 jours et cela sans l'aide de la «Communauté Internationale». Pourquoi ne le ferions-nous pas ?

Thème 7. Deux Domaines Prioritaires : l'Education et la Santé

7.1. Il y a à notre avis deux priorités qui doivent figurer dans tous les programmes de développement pour notre pays : *l'enseignement pour tous et la santé pour tous*. Nous estimons que l'enseignement de la jeunesse et les soins de santé de base pour tous les citoyens sont des droits humains que tout gouvernement doit garantir à son peuple. L'obstacle financier que les Occidentaux nous ont inculqué dans la tête pour ces deux secteurs n'en est pas un. C'est une manipulation mentale dont nous sommes victimes et que la plupart de dirigeants africains ont exagérément amplifiée pour justifier leur échec cuisant dans ces deux domaines.

7.2. L'accès à l'éducation et sa gratuité doivent être garantis à tous les enfants depuis le cycle primaire jusqu'à l'enseignement supérieur. Nous ne minimisons pas le coût de l'éducation, mais la gratuité de l'enseignement est possible même avec nos maigres moyens. Des pays de loin moins nantis que le nôtre ont réussi ce pari, pourquoi pas nous ? Même dans notre pays, jusqu'au début des années 1990, l'enseignement était gratuit jusqu'à l'université. Tous les étudiants de l'enseignement supérieur avaient même droit à une bourse d'études qui leur permettait de mener une vie décente, quelles que fussent leurs origines familiales. Pourquoi ne le ferions-nous pas encore maintenant ? L'enseignement gratuit à tous les niveaux est juste un problème de volonté politique, de décolonisation mentale, et d'organisation.

7.3. Comme pour l'éducation, l'accès aux soins de santé et leur gratuité doivent être garantis pour tous dans notre pays. Nous pouvons commencer avec les soins de santé de base et le niveau de couverture doit s'accroitre progressivement. Nous laisserons aux professionnels de santé de définir avec détails ce que représentent les soins de santé de base et ils auront la tâche d'élaborer les étapes d'élargissement de la couverture en soins de santé pour tous. Avec un peu d'imagination, nous pouvons identifier des sources de financement dans notre propre système sans créer des compagnies d'assurance médicale dont les souscriptions ne sont pas à la portée du citoyen moyen. À titre d'exemple, les grandes compagnies paraétatiques ou même privées seront encouragées à créer des chaines d'institutions hospitalières. Et ces différentes chaines d'institutions hospitalières peuvent ensuite se partager des zones de service à travers le pays.

Encore une fois, c'est juste un problème de volonté politique, de décolonisation mentale, et d'organisation.

7.4. Dans le secteur des soins médicaux, afin d'inciter le gouvernement à créer ou à encourager la création des institutions de santé de grande valeur, nous estimons qu'il est impérieux que le gouvernement cesse immédiatement de supporter les frais des soins médicaux des dirigeants politiques (ou autres personnalités) à l'étranger. Ce sont ces faveurs exagérées qui les poussent à ne plus se soucier de créer de bonnes institutions de santé au pays. Ces cadres et tout autre citoyen sont libres d'aller se faire soigner à l'étranger, mais à leurs propres frais. Ils seront autorisés à s'y rendre seulement par respect aux libertés individuelles, mais les soins seront totalement à leurs propres charges.

7.5. C'est notre profonde conviction que dans l'avenir le succès de tout gouvernement dans le monde se mesurera par sa capacité d'assurer les soins de santé à tous ses citoyens et l'éducation à sa jeunesse. Cela vaut autant pour nous que pour ceux-là qui nous donnent des leçons de démocratie à leur image. C'est à travers ces deux domaines prioritaires (en dehors de la sécurité et de la paix) que tous les citoyens, hommes et femmes, parents et enfants, vieillards et jeunes, sentent réellement qu'ils ne sont plus des laissés-pour-compte.

7.6. Même un début de succès dans ces deux domaines (l'éducation et la santé pour tous) amènera notre peuple à sentir au plus profond de lui-même et à voir de ses propres yeux qu'un changement réel est en train de s'opérer dans le pays. Le peuple retrouvera enfin la fierté d'appartenir à un pays qui s'occupe de ses citoyens. Ce ne sont pas les discours creux des politiciens et les prétentions propagandistes des croissances économiques à «deux chiffres» qui ramènent la confiance auprès des citoyens et le plaisir d'appartenir à un pays digne de ce nom.

7.7. Dans la réorganisation de notre infrastructure sanitaire, nous devons inclure la production locale de tous les médicaments génériques de première nécessité afin de couvrir tous nos besoins dans ce domaine et même d'en exporter le surplus. Le Brésil, l'Inde, la Corée du Sud, et bien d'autres pays ont réussi ce pari en quelques années. Nous aussi pouvons réussir ce pari si nous le voulons. Dans l'entretemps nous devons renforcer le système de vérification de tous les médicaments que nous importons de l'Occident ou de la Chine, et surtout pour les produits qui sont destinés à l'administration en masse comme les vaccins, les antimalariens, et bien d'autres. Il y a eu beaucoup d'incidents malheureux avec les produits pharmaceutiques d'importation, surtout ceux que l'on nous donne sous forme de «dons». Même si nous croyons à la bonne volonté des professionnels de santé de l'Occident ou de la Chine, nous ne pouvons pas exclure la vérification. *Timeo Danaos et dona ferentes* ! Chat échaudé a peur même de l'eau froide !

7.8. Il est également temps de créer des centres de recherches en médecine traditionnelle. Nous devons répertorier tous les traitements que nos ancêtres ont développés depuis des siècles, d'en identifier les principes actifs, et les soumettre à des essais cliniques scientifiques afin de déterminer ceux qui sont réellement efficaces et d'initier leur production industrielle. Nous disposons d'un patrimoine culturo-médical indéniable que nous devons mettre en valeur. Encore une fois c'est notre aliénation mentale qui nous a éloignés de ce grand héritage que nous risquons de perdre définitivement si nous ne cherchons pas à différencier les vrais guérisseurs traditionnels des charlatans. Il n'est pas encore trop tard.

7.9. Revenons à l'éducation pour dire que nous pouvons prendre avantage des nouvelles technologies pour créer des programmes d'enseignement online en utilisant la matière grise africaine qui moisit en Occident. Nous n'aurons même pas besoin de ramener physiquement cette expertise en Afrique. Les immigrés africains, qui disposent d'une grande expertise dans plusieurs domaines, pourront dispenser des cours online pour les Africains en Afrique sans quitter leurs pays d'accueil en Occident. Beaucoup d'entre eux sont prêts à le faire sans aucune rémunération, car ils vont continuer leurs emplois réguliers en Occident. Ainsi, avec un peu de créativité et d'organisation, nous pouvons pourvoir à coût réduit une éducation de grande qualité à notre jeunesse, surtout au niveau de l'enseignement supérieur et universitaire.

Thème 8. Il Faut Combattre les Inégalités Sociales

8.1. La grandeur de toute civilisation humaine n'est pas sa capacité de conquérir des territoires et de s'accaparer des richesses des autres, mais c'est plutôt sa capacité de développer les valeurs morales et la justice sociale qui assurent l'épanouissement de tous les membres de la société. Et pour ce faire, nous devons *combattre les inégalités sociales*, parmi lesquelles nous pouvons citer : (1) la condition de la femme et le manque criant de parité homme-femme, (2) les salaires minables et les pensions de retraite dérisoires, (3) les conditions déplorables des populations rurales, (4) la négligence des handicapés physiques et des personnes avec maladies mentales, (5) l'abandon des orphelins ; et (6) l'inexistence des services sociaux pour les vieillards.

8.2. Nous devons vigoureusement promouvoir la *parité homme-femme* tout en respectant notre culture et nos coutumes. Les femmes ont été marginalisées pendant trop longtemps, non seulement dans nos sociétés africaines, mais aussi dans beaucoup d'autres cultures à travers le monde. Nous proposons un changement radical avec le passé. À titre d'exemple, nous proposons un système de parité 50/50 pour toutes les fonctions politiques afin d'accélérer l'émancipation de la femme congolaise.

8.3. La politique salariale doit tenir compte du *minimum vital*, qui permet à un être humain de survivre dans la société. Nous devons inciter l'état et les employeurs à pourvoir des salaires décents à tous, mais surtout à ceux qui sont au bas de l'échelle, et à accroitre les avantages sociaux tels que les soins médicaux, l'assistance au logement, le soutien matériel aux frais funéraires, etc.

8.4. La *retraite* ne doit plus être une mort sociale avant la mort physique, mais plutôt un moment de repos et de réjouissance après avoir loyalement consacré toute sa vie au service de la société. Notre *Caisse Nationale de Sécurité Sociale* (CNSS) regorge des compétences incontestées. Mais nous devons lui donner les moyens financiers nécessaires afin d'accomplir sa mission. Nous devons restructurer cette institution de fond en comble afin qu'elle soit réellement au service des retraités.

8.5. À l'instar des retraités civils, le Ministère de la Défense devra aussi s'occuper sérieusement des *anciens combattants* ou retraités militaires. Il est non seulement incivique, mais immoral et inhumain d'abandonner ceux qui ont servi le pays sous le drapeau et cela au prix de leur sang. On peut par exemple les regrouper dans des quartiers ou villages pour anciens combattants afin de leur apporter l'assistance dont ils ont besoin de façon plus efficace.

8.6. Nous devons améliorer les conditions des ***populations rurales*** qui sont le plus souvent géographiquement enclavées et socialement abandonnées à leur triste sort. Trois choses peuvent améliorer leurs conditions énormément : les routes et les ponts pour les désenclaver, les hôpitaux et des centres de santé, et enfin les écoles décentes à leur proximité. Ces trois choses vont aussi freiner l'exode rural et promouvoir l'agriculture qui est souvent l'activité principale en zones rurales.

8.7. La prise en charge des ***handicapés physiques, des personnes avec maladies mentales, des orphelins, et des vieillards*** est un devoir non seulement civique, mais moral, spirituel, et basé sur nos valeurs culturelles. Encore une fois, nous répétons que la valeur d'une société se mesure dans sa capacité de venir en aide aux moins nantis, aux faibles, et à tous ceux qui ont été défavorisés par la nature. Même si certains d'entre eux peuvent encore pourvoir à une partie de leurs besoins, il est du devoir de l'état, la plus haute structure de la société, de leur apporter le soutien matériel dont ils ont grandement besoin.

Thème 9. La Lutte Contre l'Oppresseur Doit Être Méthodique

9.1. Il serait extrêmement difficile de combattre un adversaire sans l'avoir identifié clairement et sans avoir étudié au préalable son mode opératoire. Afin de mieux organiser notre lutte de libération, nous devons avant tout comprendre *les armes que l'oppresseur utilise* pour nous opprimer : (1) l'aliénation mentale, (2) la propagande médiatique, (3) la ruse et le mensonge, (4) la corruption de nos dirigeants, (5) les menaces et les représailles contre ceux qui résistent, et (6) la force physique sous forme de coup d'état, d'agression militaire, ou des rébellions créées de toutes pièces. Nous ne réussirons à combattre l'oppresseur qu'en nous attaquant systématiquement aux armes que l'oppresseur utilise.

9.2. Avant de continuer nos réflexions, nous voulons apporter une clarification sémantique. Quand nous utilisons le qualificatif *oppresseur* en parlant de l'Occident, c'est simplement parce que l'Occident a été notre oppresseur traditionnel pour plusieurs siècles, et continue de l'être jusqu'à ce jour. Cependant, depuis la deuxième partie du 20e siècle d'autres puissances non occidentales ont rejoint le cercle d'oppresseurs, notamment les nouvelles puissances de l'Est : la Russie de l'ancienne Union Soviétique, le Japon, la Chine, l'Australie, et Israël. Il faut aussi souligner que ce qualificatif d'oppresseur ne s'applique pas aux citoyens ordinaires des pays occidentaux ou de nouvelles puissances de l'Est. Nous nous référons plutôt à la classe dirigeante de ces pays, ce que les anglophones appellent l'*«establishment»*, entendez par là ceux qui contrôlent les institutions politiques et leurs alliés dans le secteur économico-financier.

9.3. Aussi étrange et contradictoire que cela semble, la *mentalité de l'opprimé* lui-même est la *première* arme que l'oppresseur utilise, comme le disait Steve Biko, un activiste politique sudafricain qui a été sauvagement abattu par le régime d'Apartheid. C'est l'outil le plus efficace dans l'arsenal de l'oppresseur contre l'opprimé. Qu'on l'appelle aliénation mentale ou complexe d'infériorité, l'oppresseur manipule à volonté cet état d'âme dans le chef de l'opprimé pour perpétuer son oppression en toute quiétude et comme par enchantement avec le soutien conscient ou inconscient de l'opprimé lui-même. Comme nous l'avons dit plus haut, la prise de conscience de ce phénomène et la volonté ferme de lutter contre cet état de choses sont les conditions *sine qua non* de la libération et du début de développement.

9.4. La ***propagande médiatique*** ou la domination dans le domaine de l'information est la ***deuxième*** arme que l'oppresseur utilise pour contrôler l'opinion publique tant chez l'opprimé que chez l'oppresseur lui-même. Ceux qui tirent les ficelles derrière les rideaux manipulent l'information non seulement à travers les médias traditionnels (télévisions, radios, journaux, internet, réseaux sociaux, etc.), mais aussi à travers le système éducatif afin que leur façon de voir et de penser prenne racine dans la culture populaire.

9.5. Nous africains devons revoir certains aspects de notre système éducatif face à la machine médiatique de l'Occident. Nous devons apprendre à utiliser l'arme de l'information contre l'oppresseur en exposant au grand jour ses abus et crimes en Afrique devant son propre public, c.-à-d. devant son propre électorat qu'il redoute tant. L'explosion de l'internet et les réseaux sociaux virtuels (que l'oppresseur n'arrive pas à bien contrôler) représentent une petite lueur d'espoir pour nous Africains. Malheureusement, l'accès à l'internet en Afrique est encore rudimentaire et beaucoup d'entre nous n'ont pas encore développé la mentalité de remettre en cause les médias occidentaux. Il est impératif que l'Afrique soit bien connectée à l'internet, aux médias en ligne, et aux réseaux sociaux.

9.6. Les médias occidentaux ne brandissent le bouclier d'impartialité que quand il est question de problèmes africains. Nous devons apprendre à les suivre avec un esprit critique. N'hésitons pas de les confronter et de les corriger quand nous avons des éléments objectifs qui démontrent leur partialité et les mensonges qu'ils propagent comme des dogmes pour les Africains (ce qui nous amène au point suivant).

9.7. La *troisième* arme que l'oppresseur utilise est *la ruse*, en termes clairs c'est l'usage du *mensonge* en prenant avantage de l'ignorance de l'opprimé, surtout quand il s'agit des négociations d'ordre économiques. Les négociateurs étrangers dépeignent toujours pour les Africains un tableau extrêmement radieux et prometteur alors qu'ils savent pertinemment bien qu'ils sont en fait en train d'embourber leurs partenaires africains dans des contrats léonins dont ils ne s'en sortiront jamais et que seul le camp étranger (l'oppresseur) en tirera profit. La propagande médiatique est souvent associée à la ruse afin d'appuyer les thèses de l'oppresseur dans les négociations.

9.8. Quand l'oppresseur se rend compte que dans le camp africain il y a quelques personnes éduquées et patriotiques qui comprennent les enjeux et sentent la ruse, il passe rapidement à l'étape suivante : *l'achat de conscience* ou la corruption pure et simple de nos dirigeants, qui est la ***quatrième*** arme de l'oppresseur. En effet, quand il est dénudé dans sa ruse, l'oppresseur n'hésite point à utiliser l'argent pour voir le dirigeant africain sacrifier son peuple et les générations futures. Et même dans la corruption la ruse continue, car parfois ils achètent la conscience des dirigeants ignorants avec de petits montants dérisoires qui représentent à peine une fraction minime du profit de l'oppresseur.

9.9. Parlant de l'achat des consciences des dirigeants africains, la solution est en fait simple. Nous devons toujours exiger une *transparence absolue* dans toutes les transactions de l'état avec des entités extérieures et l'exemple doit commencer au plus haut sommet de l'état. Le parlement doit user de son pouvoir d'audit pour examiner tous les accords que le gouvernement signe au nom de l'état. Il est de loin plus facile de corrompre un individu (un ministre par exemple) que tout un parlement. Et tous les accords avec les entités extérieures doivent être publiés au journal officiel du pays. Nous y reviendrons aux points 12.11, 12.12, et 13.4.

9.10. Dans les rares situations où la corruption ne semble pas marcher, l'oppresseur monte la pression à un niveau supérieur et il utilise son cinquième outil de travail, qui consiste en des *menaces voilées* dans un langage diplomatique, le *trafic d'influence*, et le *clientélisme politique*. Ils effrayent ceux qui semblent résister à la corruption avec des propos tels que : *Comme vous ne semblez pas coopérer avec nous, notre pays ne peut plus continuer à vous soutenir politiquement ; vous semblez vous déclarer ennemi à notre pays ; vous en tirerez vous-mêmes les conséquences.* Devant ces menaces les dirigeants africains tremblent, car ils entretiennent des relations de maître à élève avec l'Occident.

9.11. Le clientélisme politique que l'extérieur exerce sur les dirigeants africains n'est possible que parce que ces derniers sont placés au pouvoir avec l'appui de l'extérieur. Cela ne pourra prendre fin que quand les dirigeants africains apprendront à tirer leur légitimité à partir de leur peuple et rien que de leur peuple. Le peuple devra ainsi se défaire des dirigeants qui tirent leur légitimité de l'extérieur.

9.12. Et enfin quand tous ces moyens soi-disant «doux» ne produisent pas les effets escomptés, l'oppresseur se résout à utiliser sa ***dernière arme***, qui est la *force physique* : coup d'état, assassinat des supposés récalcitrants, création et soutien des conflits armés, et l'éclatement des conflits frontaliers artificiels. Et même quand il utilise sa dernière arme, l'oppresseur cherchera encore à se déguiser derrière ses «nègres de service» dont il a réussi à manipuler la mentalité à son avantage. À titre d'exemple, l'Occident utilise en ce moment-ci le Rwanda et l'Ouganda comme ses nègres de service pour créer de fausses rébellions au Congo-Zaïre et continuer de piller les richesses de notre pays.

9.13. Nous n'avons certes pas les moyens matériels de faire face aux outils lourds que l'oppresseur utilise dans son dernier retranchement, mais une chose est certaine et universelle : ***aucune armée du monde n'a réussi à briser la détermination d'un peuple de se débarrasser de l'oppresseur***. Encore une fois la mentalité de libération reste notre première arme contre l'oppresseur. L'histoire des peuples a démontré que l'Occident, notre oppresseur historique, est tellement malin qu'il détecte très rapidement les indices de détermination d'un peuple et il se replie très vite pour revoir ses stratégies de domination et d'exploitation.

9.14. Notre devoir est de montrer à l'oppresseur ces signes de détermination collective qu'il détecte très rapidement. Il est du devoir des leaders nationalistes africains d'aider leurs peuples à développer une ***mentalité de libération*** et à poser des actions qui démontrent à suffisance leur détermination de se libérer, par exemple en organisant des campagnes de désobéissance civile (non-armée), des manifestations ou des protestations populaires de grande envergure, des marches de soutien répétées pour des causes nationalistes, et non pour des personnalités politiques.

9.15. Aussitôt qu'une brèche s'ouvre, nous devons aussi apprendre à profiter des dissensions et frictions dans le camp de nos adversaires. Les puissances occidentales et leurs multinationales ont souvent des intérêts divergents et se font très souvent une concurrence farouche entre elles. Leurs nègres de services, comme les Rwandais et les Ougandais, dans le cas particulier du Congo-Zaïre, ont aussi des problèmes sérieux entre eux. Ce genre de brèches et d'opportunités de semer la zizanie dans le camp de nos adversaires s'offriront beaucoup plus fréquemment pendant la période de transition après la libération du pays de l'occupation étrangère. Nous devrons en tirer le maximum de profit.

9.16. Nous réservons les actions musclées et l'utilisation des armes physiques à des groupes restreints et bien entrainés pour ce genre d'opérations. Ces groupes ne seront déployés que dans des circonstances bien précises, généralement dans des conditions vraiment claires d'autodéfense et après avoir suffisamment sensibilisé le peuple pour s'assurer de son soutien. Nous devons garder en esprit que ***notre supériorité réside dans la justesse de notre cause et non dans la puissance de feu de nos armes***. Il faudra toujours laisser l'oppresseur ou ses complices être les premiers à déclencher la confrontation physique et d'en porter ainsi l'entière responsabilité.

9.17. Il ne faudra jamais tomber dans le piège de l'oppresseur qui consiste à nous embourber dans des conflits militaires inutiles et d'autodestruction dont il contrôle bien les données et où il jouit d'une supériorité évidente en matériels de guerre et du soutien de ses alliés tant internationaux que locaux (ses nègres de service). Il faut procéder par des actions isolées, surprendre l'ennemi au moment où il s'attend le moins, le poignarder au dos, et disparaitre comme si de rien n'était. Les combattants de la branche armée devront rester très discrets et suivre à la rigueur les instructions des structures spécialisées en cette matière.

9.18. En cas de nécessité de confrontation physique, la règle d'or sera d'orienter les actions vers des cibles bien précises, de préserver à tout prix la population civile, et de ne jamais toucher aux infrastructures d'utilité communautaire (hôpitaux, écoles, usines, routes, ponts, etc.). C'est l'autodestruction que l'ennemi cherche. Il faudra même épargner les nègres de service congolais afin de montrer à l'oppresseur que lui seul est notre véritable cible et que les nègres de service congolais restent toujours nos frères même s'ils se sont égarés et se sont fait corrompre.

9.19. Nous répétons que seul notre souci de libérer le pays guidera nos actions. Comme toujours, nous combattrons avec acharnement la haine et les expressions de haine même quand nos opinions divergent. La haine est une énergie négative. Nous devrons rester à tout moment dans la haute sphère morale et spirituelle dans notre combat de libération. Cette attitude nous élèvera. Ceux qui se laissent guider par la haine (même la haine vis-à-vis de l'oppresseur ou de ses alliés locaux) se rabaisseront et périront.

Thème 10. Préparer le Peuple au Soulèvement Populaire

10.1. En dehors des actions musclées, qui restent la responsabilité des groupes restreints et bien organisés, il faut préparer le peuple au soulèvement populaire que certains appellent révolution populaire ou encore mobilisation générale. Si le segment actif du peuple qui descend dans la rue au pays n'est pas encadré, les tentatives de soulèvement populaire risquent d'être réprimées par la barbarie des occupants ou d'être récupérées par des politiciens opportunistes qui sont pour la plupart manipulés par les puissances étrangères (la nébuleuse communauté internationale et les multinationales).

10.2. Le soulèvement populaire est un mouvement de révolte généralisée qui éclate quand la souffrance, l'indignation, et l'humiliation atteignent un certain niveau au-delà duquel le peuple ou sa majorité active ne peut plus se retenir. Comme dans tout mouvement de masse, la composante émotionnelle est très élevée et certains acteurs parmi les révoltés peuvent agir de façon irrationnelle. Il faut donc bien canaliser les énergies pour éviter des dérapages malencontreux et orienter la masse vers des objectifs précis. S'il n'y a pas une coordination d'activités entre les différents groupes sur le terrain, nous risquons d'aller tout droit vers l'échec. Le secret de la réussite d'un soulèvement populaire est dans la planification et la coordination des activités afin d'atteindre des objectifs précis.

10.3. Le soulèvement populaire généralement débouche sur trois scénarii : (1) Le premier scénario est le succès. Tout se passe bien, le pouvoir en place tombe sous la pression populaire, ceux qui ont planifié et organisé le soulèvement populaire prennent le pouvoir, et l'œuvre de reconstruction commence. (2) Le deuxième scénario est l'échec. Le pouvoir en place résiste, il réussit à mater la population. Les insurgés sont en débandade. Un climat de terreur s'installe. La bataille est perdue, même si quelques groupuscules de résistants continuent la lutte çà et là. (3) Le troisième scénario est entre la réussite et l'échec. Le pouvoir en place est ébranlé, mais il n'est pas tombé. Il n'y a pas eu une bonne coordination entre les différents groupes de résistance. De ce cafouillage surgit un *troisième larron*, un homme apparemment inconnu qui réussit à combler le vide laissé par un pouvoir chancelant.

10.4. Alors que la suite des évènements est claire dans les deux premiers scénarii, la voie que prendra le troisième larron est incertaine. Ne disposant en principe d'aucune structure de base derrière lui, ou ne voulant s'associer à aucun des deux camps en présence, le troisième larron va généralement essayer de jouer à l'unificateur et au réconciliateur. Il est souvent un homme de remplacement du pouvoir déchu, mais il peut aussi être un véritable nouveau venu qui, jouissant d'un charisme spécial, va essayer de reconstruire le pays à partir des nouvelles bases. Nous comprenons ainsi que si nous ne planifions pas avec le plus grand soin le soulèvement populaire, nous risquons soit un échec humiliant soit l'apparition d'un troisième larron qui peut, comme c'est souvent le cas, être un homme de coulisse de l'ancien régime. Nous risquons ainsi de déshabiller Saint Pierre pour habiller Saint Paul.

10.5. Que ce soit pendant le soulèvement populaire ou durant les actions musclées, le soutien du peuple reste primordial. **Notre première arme reste la prise de conscience**, la conviction profonde de chacun d'entre nous que le pays est sous l'occupation des puissances étrangères qui convoitent nos richesses, le Rwanda et l'Ouganda n'étant que des nègres de service. Quelles que soient les actions que nous menons, la population doit continuer à raviver la prise de conscience, changer radicalement de mentalité, rester vigilante, et informer les meneurs de troupes et les combattants de la résistance sur le terrain de toute activité suspecte des nègres de service et leurs collabos.

10.6. Dans l'esprit de cette lutte de libération et de changement radical de mentalité, nous devons surtout aider la jeunesse à aspirer à des valeurs morales et civiques supérieures telles que l'esprit de sacrifice, le sens de l'honneur, et la satisfaction interne de défendre une cause juste pour la nation. En corollaire nous devons développer la culture d'héroïsme et de reconnaissance à tous ceux qui se sont sacrifiés pour le pays ou ont fait honneur à la nation par leurs actions dans quelque domaine que ce soit. Beaucoup de héros de ce pays n'ont jamais été reconnus de leur vivant et leurs noms ne seront peut-être jamais inscrits en leur juste place dans le livre d'histoire de ce pays. Nous devrons apprendre à honorer nos héros à leur juste valeur. À titre d'exemple, nous pensons aux jeunes gens comme Déchade Kapangala, Rossy Mukendi, Mamadou Ndala, et beaucoup d'autres qui resteront à jamais inconnus si rien n'est fait pour reconnaitre leur héroïsme.

Thème 11. Une Transition Afin d'Installer des Institutions Stables

11.1. Nous devrons consolider et stabiliser la libération. En effet, la libération d'un pays ***n'est pas l'œuvre d'un jour***. Ne commettons plus les erreurs de triomphalisme des années 60 lors des indépendances africaines. Il faudra ***deux ou trois générations*** pour consolider la libération. L'oppresseur ne se retirera que temporairement. Il va seulement reculer pour mieux sauter et tentera par tous les moyens de revenir avec beaucoup plus d'astuces. Nous devrons rester vigilants pendant de longues années et éduquer nos enfants dans le même sens, car c'est un combat qui peut s'étaler sur plusieurs générations.

11.2. La véritable libération, qui suppose la chute du système actuel, est une période très délicate. Il faut à tout prix éviter un vide d'autorité dans la direction du pays, car l'ennemi ne lâchera pas à la première défaite. La première étape de la sortie de l'occupation ou de l'oppression et de la reprise effective des affaires de l'état sera la mise sur pied d'un gouvernement de transition, qui sera composé essentiellement des technocrates. La durée de ce gouvernement de transition sera deux ou trois ans (ou toute autre durée qui sera décidée par consensus). La transition aura pour mission principale :

11.3. ***Primo,*** la reprise effective de l'impérium qui était jusqu'à la libération sous le contrôle de l'oppresseur ou de l'occupant et ses alliés locaux. Les principales composantes de l'impérium sont : l'armée, la police, l'administration publique, l'appareil judiciaire, les relations avec d'autres pays, les services de renseignement, la collecte des taxes et impôts, et la gestion du trésor public.

Secundo, la consolidation de l'éveil de la conscience nationale sur le véritable diagnostic des principaux maux dont souffre notre pays.

Tertio, l'organisation d'une commission nationale de vérité, de réconciliation nationale, et de restitution des biens volés de l'état.

Quarto, l'organisation ou tout au moins l'initiation des structures appropriées pour canaliser la participation active et effective du peuple aux affaires de l'état.

Quinto, l'élaboration d'une nouvelle constitution et la mise au point de grandes lignes de la politique générale du pays et la levée des grandes options pour la direction future du pays.

Sexto, la refondation complète de la commission électorale afin d'organiser des élections libres, crédibles, et transparentes, ce qui ne sera possible qu'après avoir mis fin à l'occupation actuelle.

11.4. Au sujet de la *réconciliation nationale*, nous pensons que notre peuple peut rééditer l'expérience de la Conférence Nationale Souveraine (CNS), mais de courte durée. L'occasion sera donnée au peuple de se dire des vérités en famille et d'établir les responsabilités des uns et des autres sans crainte des représailles. Nous devons rappeler à tous que nous tirailler pendant des mois pour de présumés erreurs ou crimes du passé pourra nous affaiblir sérieusement et donner l'opportunité à l'ennemi de contre-attaquer. Gardons à l'esprit que l'oppresseur ne baissera pas les bras à sa première défaite, car nous sommes dans un combat de longue haleine qui prendra plusieurs générations.

11.5. À travers la réconciliation nationale, les plaignants ou les victimes auront le devoir d'apporter les preuves de leurs accusations. Les accusés seront autorisés à se défendre aussi vigoureusement qu'ils le peuvent. Il y aura des commissions appropriées qui examineront le bien-fondé des accusations et émettront des recommandations. Aux termes de ces assises, ceux dont les accusations seront reconnues graves et fondées sur des faits vérifiables auront deux options :

11.6. Première option : Accepter les conclusions des commissions avec la possibilité d'émettre des réserves et de demander pardon au peuple dans l'esprit de la réconciliation nationale afin d'éviter au pays des procès interminables qui risquent de nous diviser au profit de l'ennemi. Selon la gravité des faits reprochés à chaque accusé, la commission pourra recommander la suspension de l'accusé aux activités politiques pour une durée déterminée, la restitution des biens volés de l'état (si c'en est le cas), et d'autres sanctions appropriées. Nous suggérons qu'il n'y ait pas de peines de prison pour ceux qui auront reconnu leurs erreurs et auront publiquement demandé pardon au peuple à travers ces assises.

11.7. Deuxième option : Ne pas accepter les conclusions des commissions et se préparer à des procès traditionnels devant les cours et tribunaux appropriés. Les accusés qui choisissent cette option seront suspendus de toute activité politique et l'exercice de hautes fonctions dans les institutions du pays jusqu'à la fin de leurs procès. Ils se soumettront aux verdicts des cours et tribunaux conformément aux lois en vigueur avec possibilité de peines de prison et toutes les autres sanctions que les institutions judiciaires détermineront.

11.8. Même si ce qui suit va surprendre beaucoup de nos compatriotes, nous proposons de ne jamais nous rabaisser en transférant nos présumés coupables à la Cour Pénale Internationale (CPI). Loin de nous l'intention de préconiser l'impunité. Nous voulons la justice, mais une justice congolaise (que nous devons améliorer – personne d'autre ne le fera à notre place). Cette position est dictée par notre sens d'honneur et de grandeur morale, ce qui va de pair avec la renaissance mentale pour laquelle nous nous battons. Notre profonde conviction est que la CPI est un outil du néocolonialisme qui a été créé par nos oppresseurs pour punir les dirigeants du tiers-monde (et surtout africains) qui s'opposent à leur dictat.

11.9. Nous comprenons parfaitement que certains crimes sont imprescriptibles, nous pensons particulièrement à tous ceux qui sont liés au génocide que subit le peuple congolais, aux assassinats politiques, aux viols massifs des femmes par les occupants, et aux crimes économiques qui se chiffrent à des milliards de dollars américains. La Commission nationale de réconciliation pourra faire des propositions qui seront soumises à un référendum populaire. Elle pourra par exemple proposer une liste réduite de ceux qui étaient au sommet des institutions au moment des présumés crimes et d'autres acteurs principaux de ces crimes. Nous ne devrons pas oublier d'inclure dans les procès les acteurs politico-militaires étrangers qui ont commandité des opérations à partir d'autres pays.

11.10. Nous devons profiter de la période de transition pour répertorier avec minutie tous les documents potentiellement incriminants. Le Rapport Mapping dont on parle tant ne représente qu'une pièce à conviction parmi tant d'autres sur les massacres et le génocide congolais. Il faut nécessairement y associer le Rapport Garreton et beaucoup d'autres rapports de l'ONU, de la Monuc ou Monusco, des ambassades installées à Kinshasa, des ONG de droit de l'homme, des investigations de grandes maisons de presse du monde, et des livres écrits par ceux qui ont minutieusement enquêté sur ces crimes. Nous devons rassembler avec le plus grand soin tous les documents disponibles et les rendre publics, car en dehors des nègres de service africains beaucoup de personnalités et entités étrangères sont impliquées dans le génocide congolais et l'exploitation criminelle de nos ressources. Rappelons-nous que les nazis ont été jugés beaucoup plus sur base de leurs propres documents.

11.11. Le dossier de grands crimes contre la nation, comme les crimes imprescriptibles évoqués plus haut, sera traité beaucoup plus en profondeur après la courte période de transition quand des institutions plus stables et un appareil judiciaire plus crédible seront mis en place. Pour le moment notre souci est d'éviter de nous lancer dans une chasse aux sorciers pendant la transition, ce qui pourrait nous entrainer dans des querelles interminables, de nous affaiblir durant cette période fragile, et de donner ainsi l'opportunité à l'ennemi de revenir pour attiser le feu, se réinsérer, et reprendre sa sale besogne. Rappelons-nous toujours que nous nous engageons dans un combat de longue haleine, qui pourra s'étaler sur plusieurs générations.

Thème 12. Bâtir les Bases d'une Economie au Profit du Peuple

12.1. Loin de nous l'idée de faire un exposé technique en matières économiques, car nous n'en avons ni la compétence ni l'expertise. Comme nous l'avons fait pour d'autres thèmes, nos réflexions ne sont basées que sur le bon sens, l'amour et la vision que nous avons pour notre pays. Il est évident que notre pays est dans une situation économique désastreuse et chaotique. Comme nous l'avons dit plus haut (Points 4.11 – 4.14), notre problème n'est ni le manque d'argent, ni le manque de technologie, ni le manque d'expertise technique. *Le sous-développement dans notre pays est avant tout un problème mental* comme c'est le cas pour beaucoup de pays africains. Depuis l'époque coloniale, les économies des pays africains ont été structurées de façon à servir l'Occident. La décolonisation mentale dans nos structures économiques est la condition *sine qua non* pour tout décollage économique dans notre pays.

12.2. Le but primordial de l'économie d'un pays est avant tout le *bien-être social de ses citoyens*. Il faut que la grande majorité d'individus et de familles sente que quelque chose de positif est en train de changer dans leurs vies. Ce n'est pas l'augmentation numérique des statistiques qui ne disent rien au peuple. Très souvent les dirigeants africains se vantent de l'augmentation en chiffres des paramètres économiques tels que les hausses apparentes du budget annuel de l'état, du produit intérieur brut (PIB), du revenu annuel par habitant, etc., alors que le peuple croupit dans une misère exécrable. À quoi nous servent ces paramètres économiques qui nous ont été imposés de l'Occident ? Est-ce pour plaire à l'Occident pour qui nos dirigeants politiques travaillent ?

12.3. Le développement économique de notre pays doit être structuré autour des axes suivants : (1) *l'indépendance alimentaire* ; (2) l'*éducation* de la jeunesse à travers un enseignement original, africain, et dispensé gratuitement à tous les niveaux ; (3) *l'accès aux soins médicaux* pour tous ; (4) les *infrastructures de base* que l'état doit mettre en place : les routes, les chemins de fer, les ponts, les ports et aéroports, la production industrielle d'énergie, les grandes usines métallurgiques, la fabrication industrielle des matériaux de construction, etc. ; (5) la remise en ordre et la transparence des *services des recettes et des dépenses* de l'état ; (6) la mise en place d'un *plan* *de développement* détaillé, compréhensif, chiffré et connu de tout le monde ; et enfin (7) la *modernisation de l'administration publique* par l'introduction de la numérisation et de l'informatique. Beaucoup de ces principes ont été débattus dans d'autres chapitres et nous y reviendrons plus ici.

12.4. ***L'indépendance alimentaire*** ou l'autosuffisance alimentaire. Comme nous y avons fait allusion au Point 4.13 et au Chapitre 7, il est stratégiquement irresponsable et mentalement rabaissant d'importer les aliments de base que nous mangeons. Dieu merci, nous avons un climat tellement généreux et une terre tellement fertile que nous pouvons produire en grande quantité et à moindres frais tout ce que nous aimerions manger. Dans le même ordre d'idée, la production agricole industrielle doit être réservée aux entrepreneurs nationaux. Il est par exemple impensable que la majorité de la production d'un aliment aussi indispensable que le pain dans la ville de Kinshasa soit entre les mains des étrangers. À cause de notre stupidité, ces étrangers feront mourir de faim la population de Kinshasa le jour où ils le voudront.

12.5. L'apport de l'***éducation*** et de la ***santé*** dans le développement d'un pays comme le nôtre n'est plus à démontrer. Comme nous l'avons dit plus en détail au Chapitre 7, un peuple éduqué, averti, aguerri, sain d'esprit et de corps est le moteur de tout développement et la source de survie d'un peuple dans ce monde dominé par l'Occident et le capitalisme. Nous continuerons de marteler que le sous-développement est avant tout d'ordre mental, c.-à-d. un problème d'hommes capables de résister aux intérêts personnels et de travailler pour les intérêts supérieurs de la nation.

12.6. La mise en place d'*infrastructures de base* que seul l'état est en mesure d'installer. Il est impensable que depuis 1960 nous n'ayons pas construit un seul kilomètre de voies ferrées et le réseau routier n'a pas non plus évolué. Nous devons créer au minimum trois grands axes ferroviaires reliant Kinshasa aux grandes villes du pays : (1) l'axe Kinshasa-Lubumbashi en passant par Kikwit, Kananga, Mbuji-Mayi et Kamina (le tronçon Est vers Lubumbashi existe déjà) ; (2) l'axe Kinshasa-Goma en passant par Bandundu ville, Kindu, et Bukavu ; (3) l'axe Kinshasa-Kisangani avec des bifurcations vers Mbandaka, Isiro, Buta et Bunia. Nous devons aussi exploiter au maximum les nombreux cours d'eau que Dieu nous a donnés gratuitement comme voie de communications qui n'exigent qu'un minimum d'entretien. Le bassin du fleuve Congo est le deuxième du monde, après celui de l'Amazone, au point de vue nombre d'affluents navigables.

12.7. Nous devons exploiter au maximum nos *ressources énergétiques*. Nous avons beaucoup des sites pour l'énergie hydroélectrique, le pétrole autour de l'embouchure du fleuve Congo, le gaz naturel en dessous de nos lacs, et l'énergie solaire partout au pays. Étant donné l'importance stratégique du barrage d'Inga pour la ville de Kinshasa, nous devons sécuriser ce site par une base militaire moderne en état d'alerte quasi permanente. Aussitôt que l'état congolais recouvre sa souveraineté, nous devons aussi revisiter le contentieux d'exploitation du pétrole offshore et du gaz naturel des lacs frontaliers avec les pays voisins qui ont largement pris avantage de notre état d'occupation.

12.8. Il est vrai que nos exportations sont dominées par la vente des matières premières à l'Occident, essentiellement les minerais et les produits agricoles à l'état brut. Nous devons aider nos entrepreneurs à installer des *usines de transformation* dans notre pays (ne serait-ce qu'une transformation de première étape). Ceci entrainera au moins trois effets positifs : (1) Ces usines donneront du travail à beaucoup de Congolais, ce qui va contribuer à réduire le chômage ; (2) Les entrepreneurs gagneront beaucoup plus d'argent en vendant des produits d'une plus grande valeur ; (3) Nous serons en mesure de fabriquer sur place quelques produits finis ne fut-ce que pour la consommation locale. Il est inconcevable de vendre des tonnes de cuivres et en retour acheter aux prix d'or des câbles électriques de l'Occident. Il est même honteux de vendre des tonnes de bois en grume et de ne pas être en mesure de fabriquer même les bancs pour nos élèves. Nous devons créer des usines de transformation comme la sidérurgie de Maluku dont la production d'acier va certainement entrainer la création d'autres usines.

12.9. *Rigueur et transparence* dans la gestion financière de l'état. La formule actuelle (bien que jamais déclarée) où la rigueur doit s'appliquer à tous sauf au chef de l'état, sa famille, et ses proches collaborateurs, c.-à-d. les «princes du régime», qui eux peuvent se servir à volonté, n'a jamais marché et ne marchera jamais à assurer la rigueur dans la gestion de la chose publique. Tout ce que cette formule a produit, c'est la course éhontée à la mangeoire, les détournements du denier public et la corruption à tous les niveaux. Comme nous l'avons dit plus haut dans d'autres chapitres, la rigueur et la transparence dans la gestion financière doivent commencer au sommet de l'état, sinon nous continuerons dans le même système en dépit de tous nos vœux pieux.

12.10. L'*argent* est pour l'économie du pays ce que le sang est pour le corps humain. Comme le sang, c'est l'argent qui ravive tous les secteurs de l'économie du pays. Si le pays est saigné à blanc comme c'est le cas pour le moment, aucun secteur de l'économie ne peut marcher en dehors de l'enrichissement d'un petit groupe de «princes du régime». À titre d'exemple, après des recherches approfondies qui ont pris plusieurs mois, le professeur Luzolo Bambi Lessa, un des conseillers de l'ancien Président Joseph Kabila en charge de la lutte contre la corruption, a déclaré sans sourciller que chaque année le pays perd à peu près quinze milliards de dollars américains à travers les détournements et le coulage des recettes, soit plus de trois fois le budget officiel de l'état. Un autre exemple, l'ancien président sudafricain Thabo Mbeki, irrité et exaspéré par le comportement des dirigeants congolais, a déclaré contre toutes les règles de diplomatie qu'à peu près 80% des recettes des minerais du Congo n'entrent pas dans les caisses de l'état congolais. Comme on le fait pour le corps humain, on arrête l'hémorragie en amont et pour le pays nous devons aller jusqu'à la source, c.-à-d. au sommet de l'état.

12.11. Nous devons mettre en place un système strict de *suivi et d'évaluation* de l'exécution du budget de l'état par des audits réguliers et dont les rapports sont largement publiés dans les médias. Nous soulignons encore que tout système de contrôle de la gestion financière doit commencer au sommet des institutions : le bureau du président de la république, les cabinets des ministères, les bureaux des directeurs généraux des entreprises publiques, et les bureaux des gouverneurs de province. Comme nous l'avons dit plus haut, le système actuel qui est dominé par l'hypocrisie de hauts cadres de l'état et le harcèlement des bureaucrates subalternes ne marchera jamais. C'est dans ce même domaine que le parlement doit également se montrer particulièrement actif dans son rôle de contrôle budgétaire des activités du gouvernement. Ce système de contrôle et d'évaluation doit non seulement dénicher les détourneurs, mais aussi montrer ce qu'il faut faire afin que le budget de l'état soit scrupuleusement respecté tant dans la collecte des recettes que dans l'exécution des travaux et des dépenses publiques.

12.12. Étant donné que les rapports d'audits sont parfois techniquement complexes, le gouvernement doit vulgariser les échéances d'exécution, les dates butoirs, ou d'autres repères de suivi pour le public. Si par exemple, le budget a prévu la construction d'un certain nombre d'écoles, hôpitaux, routes, chemins de fer, la régularisation de paiement de nouveaux enseignants, les montants prévus pour la collecte des recettes, etc., le gouvernement doit vulgariser les échéances d'exécution afin que le public juge pour lui-même le progrès d'accomplissement. Même s'il s'agit d'un projet ou plan de développement qui s'étale sur plusieurs années, on doit vulgariser les échéances d'exécution sur des intervalles réguliers (mensuelles, trimestrielles, semestrielles, ou annuelles).

12.13. La *modernisation de l'administration* par l'introduction de la numérisation et de l'informatique va certainement aider à détecter plus rapidement des irrégularités dans la gestion des finances de l'état. La modernisation digitale va permettre de procéder à un suivi en temps réel et la vérification instantanée des données. Une entrée douanière à Kasumbalesa ou à Dilolo à la frontière avec la Zambie, à Bunia, Beni, ou Mahagi à la frontière avec l'Ouganda, et bien d'autres centres frontaliers, peut être vérifiée en temps réel au bureau central à Kinshasa qui est à plus de 2.000 kilomètres. La comparaison digitale des données entre les différents services administratifs du pays permettra aussi à détecter des contradictions suspectes et diligenter des enquêtes en temps réel avant que les dégâts ne deviennent irréparables.

12.14. Les excès dans le fonctionnement au sommet des institutions constituent une forme de détournement institutionnalisé. Les sommets des institutions (présidence, gouvernement, parlement, gouvernorat, entreprises publiques, etc.) sont caractérisés par un personnel extrêmement pléthorique et des frais de fonctionnement excessifs en comparaison au reste de l'appareil de l'état. Il ne serait pas du tout exagéré de réduire les effectifs actuels au dixième, c.-à-d. de 10 à 1, de 100 à 10, ou de 200 à 20. Il n'y a par exemple aucune justification pour le président ou le Premier ministre de s'entourer de plusieurs centaines des conseillers. C'est juste pour donner du travail à leurs membres de familles, leurs alliés politiques, et leurs amis au détriment des compétences dont regorge l'administration publique déjà en place.

12.15. Nous devons à tout prix combattre toute tentative de bradage du patrimoine de l'état. Comme nous l'avons indiqué plus haut (Point 5.9), nous devons actualiser la loi Bakajika. Le sol, le sous-sol, et l'espace aérien sont des propriétés exclusives de l'état congolais. Toute exploitation du sol, du sous-sol, ou de l'espace aérien par les firmes étrangères doit être très limitée, sous contrôle strict, et ne confère aucun droit de propriété à ces dernières. Les firmes étrangères ne jouiront que de la vente de ce qu'elles produisent et l'état congolais reste le seul propriétaire de son sol, sous-sol, et espace aérien. Tout contrat d'exploitation accordé aux entrepreneurs étrangers ne peut dépasser cinq ans (renouvelable) et doit être soumis à l'approbation du parlement. Même le renouvèlement doit être approuvé par le parlement. L'état ne doit en aucun cas céder une portion du territoire (si petit soit-il) aux entités étrangères pour des contrats emphytéotiques (s'étalant sur plusieurs dizaines d'années et partant engageant des générations à venir). Si vraiment il y a des situations exceptionnelles qui exigent ce genre de contrats, ils doivent être soumis au référendum populaire en plus de l'approbation parlementaire.

12.16. Nous devons promouvoir une classe d'*entrepreneurs nationaux*. Les contrats de l'état doivent être réservés en priorité aux entrepreneurs nationaux tout en respectant le jeu de la concurrence. Nous devons combattre la pratique de la corruption ou de «rétrocommission» dans l'octroi des contrats de l'état. L'accès aux capitaux, privés ou publics, doit être transparent. Le remboursement des prêts, surtout ceux qui sont dus à l'état, doit également être transparent. L'état doit rendre publics les noms des entrepreneurs en état d'insolvabilité avec le fisc.

12.17. Étant donné le rôle primordial des capitaux dans le développement d'un pays, le système bancaire doit être minutieusement réglementé. L'état doit y avoir un droit de regard, même sur les banques privées. Le pays nous appartient et nous ne pouvons pas abandonner ce secteur clé aux caprices et à la cupidité des banquiers seuls. L'état doit aussi favoriser la création de petites caisses d'épargne et de crédit à fond public ou mixte pour les citoyens moyens, surtout en zone rurale.

12.18. Nous devons réouvrir le débat sur la nécessité d'une ***monnaie nationale***. Depuis l'indépendance il y a plus de soixante ans, toutes nos expériences monétaires ont été catastrophiques. La situation s'est tellement dégradée que l'élite utilise quasi officiellement le dollar américain pendant que le peuple se contente du franc congolais qui se dévalue pratiquement au jour le jour. Faut-il formaliser l'utilisation du dollar américain pour tous en commençant par assurer tous les salaires en dollar américain et laisser les gens se procurer eux-mêmes le franc congolais pour les petites transactions de chaque jour ? Certains pays d'Amérique Latine, comme par exemple l'Équateur et le Salvador, l'ont fait de façon officielle afin de stabiliser et relancer l'économie de leurs pays respectifs.

12.19. L'objection que l'on fait souvent à la ***dollarisation de l'économie*** est l'atteinte à la souveraineté du pays. Le débat reste ouvert. Les pays européens qui utilisent une monnaie commune, l'Euro, ont-ils cédé une partie de leur souveraineté ? Et la Chine ? Alors que son économie est hyperperformante, le gouvernement chinois manipule artificiellement sa monnaie, le Yuan, parfois à la baisse de façon inattendue, et il autorise tous ses opérateurs économiques à faire leurs transactions internationales en dollar américain. Ce n'est pas par amour pour une monnaie étrangère, mais plutôt sur base du principe que leur adversaire économique, les États-Unis, ne va jamais saboter sa propre monnaie. C'est un vieux principe des arts martiaux en Asie qui consiste à utiliser la force ou l'arme de l'ennemi contre lui-même. À défaut d'une monnaie nationale stable, pourquoi ne penserions-nous pas à la création d'une monnaie panafricaine, ou à utiliser les monnaies de nos oppresseurs (entendez l'Occident), non par amour ou complexe, mais pour des raisons de stratégie comme font les Chinois ? À malin, malin et demi, dit-on !

12.20. *Crédit maison.* Comme nous l'avons indiqué au début de ce chapitre, le progrès économique n'a de sens que s'il profite aux citoyens ordinaires. Nous pensons que la possession d'une habitation décente en matériaux durables avec eau courante et électricité pour chaque famille doit être un des paramètres clés pour évaluer le progrès économique, car elle reflète directement le bien-être individuel des citoyens. Nous préconisons la création de petites entreprises de construction dans toutes les subdivisions administratives et l'ouverture des crédits maison à toutes les familles. Obtenir une maison ne doit plus être un rêve lointain, mais plutôt un projet réaliste à la portée de tous ceux qui travaillent ou exercent un métier.

12.21. Toujours dans le souci de ramener le développement le plus près possible des citoyens et afin d'assurer un développement équilibré sur tout le pays, la commune/le territoire ou toute subdivision administrative locale comme le secteur/collectivité doit être l'*unité de développement*. Entendez par là que pour tout critère ou paramètre de développement économique, nous nous poserons toujours les questions suivantes : Combien de communes/territoires ont atteint les objectifs qui leur ont été assignés ? À quel niveau chaque entité locale a-t-elle réalisé sa portion du programme national ? Dans combien de communes/territoires l'état a-t-il construit une école ou un hôpital ? Combien de communes/territoires ont des routes de desserte agricole praticables ? Combien de communes/territoires ont développé ou abritent une unité de production agricole ou industrielle dont la production est évacuée au-delà de ses frontières ? Etc. Cette façon de concevoir et d'évaluer le progrès économique a pour but de mettre l'homme au centre du développement et de réduire la disparité entre les populations urbaines et rurales, entre l'élite ou les dirigeants et le peuple, et entre les riches et les pauvres.

12.22. Nous devons envisager de mettre de côté au minimum 2% du budget national comme *réserves stratégiques* afin de s'en servir en cas de désastres naturels que nous connaissons de temps en temps : inondations massives, sècheresses inattendues, tremblements de terre, éruptions volcaniques, cyclones, épidémies, ou toute autre crise humanitaire. Même si par la grâce du Tout-Puissant ces désastres naturels sont très rares dans notre pays, nous devons nous y préparer pour le bien-être de notre population. Nous devons mettre fin à l'humiliante culture de la mendicité et de nous mettre à genoux aux pieds de l'Occident à la moindre crise humanitaire à la suite d'un désastre naturel.

12.23. Avant de clore ce chapitre consacré au développement économique, nous voulons dire que notre progrès économique ne doit pas se faire au détriment de l'*environnement et de la préservation de la nature*. Nous devons éviter de sacrifier notre environnement au profit du progrès économique. Nous devons préserver cet exceptionnel écosystème de biodiversité que représente le bassin du Congo, le deuxième poumon de notre planète après l'Amazonie. C'est non seulement un don de Dieu, mais également une grande responsabilité devant l'Humanité.

Thème 13. Le Peuple Est le Souverain Primaire et Autorité Suprême de la Nation

13.1. Aussitôt qu'il aura repris l'impérium, le peuple congolais devra activement développer *l'idéologie et la mentalité de peuple souverain*. Le peuple doit prendre conscience de sa souveraineté et apprendre à exercer les prérogatives de cette souveraineté. Cette idéologie de peuple souverain primaire et autorité suprême de la nation ne tombe pas du ciel. Elle se développe. Elle s'acquiert par un effort collectif et continu. Elle s'enracine dans la conscience des citoyens d'un pays au fil des années. Nous la manquons grandement maintenant parce que nous croyons par erreur qu'elle serait innée ou s'acquiert sans effort. Erreur grave ! La prise de conscience d'un peuple se développe progressivement et de façon active au niveau de chaque citoyen et ensuite dans toute la communauté à travers une éducation populaire et continue.

13.2. Beaucoup d'entre nous pensent à tort que les citoyens «ordinaires» (selon eux) ne seraient pas en mesure de développer une maturité politique adéquate pour s'impliquer dans la conduite des affaires de l'état. C'est là un mythe que la classe dirigeante (qui se croit à tort «supérieure» à la masse populaire) entretient afin de s'arroger l'exclusivité de la direction de la chose publique. Ce mythe existe non seulement chez nous en Afrique, mais également dans beaucoup de pays qui se disent de «vielle démocratie», c'est-à-dire chez ceux-là mêmes qui prétendent nous donner des leçons de gouvernance. Il faut à tout prix casser ce mythe rétrograde et paternaliste.

13.3. Le peuple exerce sa souveraineté soit de façon directe par les élections et les référendums soit de façon indirecte à travers ses représentants (élus ou nommés) et à travers les institutions de l'état qui sont dirigées par ses représentants. En dehors de ces voies traditionnelles, nous proposons l'utilisation par le souverain primaire d'autres outils afin d'exercer davantage son pouvoir sur la conduite des affaires de l'état. Une victoire aux élections n'est pas un chèque blanc que nous remettons aux gagnants. Nous devons mettre en place des structures qui permettent au peuple de *réévaluer ses représentants* aux institutions de façon plus fréquente durant leurs mandats.

13.4. Nous proposons la création d'une commission parlementaire permanente qui va organiser des *interpellations* de tous les dirigeants au niveau national : ministres, vice-ministres, directeurs généraux des entreprises de l'état, etc. Le parlement qui, en dehors de son rôle législatif, est aussi l'organe d'audit et de contrôle du gouvernement au nom du peuple. Il doit à ce titre organiser ces interpellations en toute transparence vis-à-vis du peuple qu'il est censé représenter. Des structures semblables devront être créées au niveau des provinces et d'autres subdivisions administratives, *mutatis mutandis*.

13.5. Le peuple, en sa qualité de souverain primaire, doit être informé de tous les accords et contrats qui sont signés en son nom. Même si un accord a été valablement débattu au parlement ou dans une autre institution de l'état, le peuple doit en être informé par la voie officielle. Nous ne trouvons absolument aucune raison de ne pas rendre publics les accords et contrats qui se font au nom du pays. Nous proposons que cette disposition soit consignée dans la constitution parce que notre pays a trop souffert de ces accords et contrats qu'on nous présente parfois comme secrets d'état ; mais après analyse ils cachent seulement la corruption, la fourberie, et l'escroquerie au détriment du peuple.

13.6. Afin de consolider la libération et maintenir sa souveraineté, le peuple devra rester vigilant et prêt à soutenir l'armée et la police nationales en cas de nécessité. Pour ce faire nous proposons la création d'un ***service militaire volontaire de six mois à un an*** pour tous les jeunes de 17 à 35 ans. Les dispositions pratiques devront être déterminées plus tard au parlement. L'intention primaire est de disposer à tout moment d'un contingent potentiel de jeunes gens bien formés que nous pouvons mobiliser en cas d'agression extérieure ou toute tentative d'occupation dans l'avenir, même au cas où le leadership politique au niveau national tergiverse parce qu'en train d'être corrompu et acheté par l'ennemi. C'est question de s'assurer des bases arrière à d'autres niveaux qui pourront puiser dans ce contingent de jeunes gens bien formés pour se regrouper et réorganiser une nouvelle résistance.

13.7. Ci-après d'autres voies et moyens pratiques à travers lesquels le peuple pourra davantage être associé à l'exercice du pouvoir en dehors des élections : a) L'organisation des consultations populaires ; b) La participation directe du peuple aux grandes décisions d'intérêt public ; c) La mise en place d'un processus spécial d'évaluation populaire des dirigeants et de ceux qui exercent des professions à large portée sociale ; d) L'usage ordonné des motions ou des pétitions populaires. La liste n'est pas exhaustive ; d'autres suggestions peuvent toujours y être ajoutées, l'objectif primordial étant le même : associer constamment le peuple à la gestion de la chose publique.

13.8. *L'organisation des consultations populaires.* Nous devons apprendre à écouter le peuple, le laisser parler et exprimer ses idées sur toutes les questions à caractère communautaire à travers des rencontres publiques où dirigeants et peuple se parlent face à face. L'absence de cette communication a créé un décalage profond entre les dirigeants et leurs peuples dans beaucoup de pays du monde (même dans les pays qui se disent de *vielle* démocratie) au point que dans certains cas les deux groupes semblent vivre dans deux mondes différents alors qu'ils partagent le même espace physique. Les difficultés logistiques pour un dialogue permanent avec le peuple sont réelles, mais pas insurmontables, c'est surtout la volonté politique qui manque. Nous pouvons nous organiser et y parvenir.

13.9. *La participation directe du peuple aux grandes décisions d'intérêt public.* Le système actuel de référendum est trop rigide et semble s'appliquer uniquement aux changements de la constitution, et cela peut-être une fois après dix ou vingt ans. Nous devons créer un système plus souple qui permet au peuple de s'exprimer sur un grand nombre de questions et de façon plus fréquente. Nous revenons ici encore à la mise en place d'une structure permanente (c.-à-d. non seulement en période électorale) qui permettra au peuple de participer de façon ordonnée aux grandes décisions d'intérêt public à travers des mini- référendums au niveau local, provincial, ou national. Le problème de fichier électoral ne se posera plus si nous organisons des mini- référendums de façon presque continue à tous les niveaux.

13.10. *Le processus spécial d'évaluation populaire*. En dehors des consultations populaires et des référendums de toutes sortes, nous préconisons aussi la mise en place d'un processus spécial qui permettra au peuple d'exprimer sa satisfaction (ou manque de satisfaction) vis-à-vis de ses dirigeants au niveau local. Nous devons donner la possibilité aux administrés des communes/territoires ou autres entités locales d'exprimer leur satisfaction sur la qualité et la performance du travail de ceux qui les dirigent. Les évaluations populaires ne seront pas utilisées pour sanctionner les dirigeants. Elles serviront de feedback et de sujets de réflexions pour les dirigeants.

13.11. En corollaire au processus spécial d'évaluation populaire, nous demanderons aussi aux associations professionnelles et aux services publics dont le travail revêt un impact social très important de mettre en place un système d'évaluation populaire qui leur est approprié (par exemple à travers des sondages d'opinion après service) afin de mesurer la qualité de leur prestation et la satisfaction de la population ou des groupes concernés. Nous pensons ici aux professionnels de la santé et les hôpitaux, les magistrats ou auxiliaires de la justice et les institutions judiciaires, les enseignants et les écoles, les professeurs et les universités ou instituts supérieurs, les officiers de la police et les commissariats ou postes de police, les percepteurs de taxes et d'impôts, etc.

13.12. *L'usage ordonné des motions ou des pétitions populaires.* Nous devons éduquer le peuple à prendre conscience qu'il est de son droit de se réunir librement et de recueillir des signatures pour des motions ou des pétitions populaires sur un sujet précis qui le tient à cœur. Même si ces droits ont été reconnus dans les différentes constitutions que nous avons connues depuis l'indépendance, tous les régimes qui se sont succédé ont décrété beaucoup d'autres lois qui ont limité ces dispositions constitutionnelles sous prétexte de protéger l'ordre public ; et le peuple ne se retrouve plus. Il faut modifier ces lois de manière à ce que le peuple puisse s'exprimer aussi par cette voie s'il le faut sans courir le risque d'être accusé de porter atteinte à l'ordre public.

Thème 14. Redéfinir Nos Relations avec la Communauté Internationale

14.1. Indépendance et souveraineté n'excluent pas coopération et entretien des relations avec d'autres pays du monde ou des organismes internationaux. Ces échanges doivent se faire dans le ***respect mutuel*** et doivent profiter aux deux camps. Ce que nous dénonçons c'est l'oppression, le mépris, et l'exploitation d'un camp par l'autre. Autant nous décrions l'état de nos relations avec l'Occident, autant nous insistons que la première responsabilité dans ces relations repose sur les Congolais eux-mêmes. C'est nous qui avons laissé les autres nous dominer. Comme l'oppression profite à l'oppresseur au détriment de l'opprimé, il appartient donc à ce dernier de mettre fin à l'oppression et non le contraire.

14.2. Nos relations avec les pays occidentaux doivent repartir sur de nouvelles bases. Même si nous devons suspendre nos relations diplomatiques avec beaucoup d'entre eux, nous n'hésiterons pas de le faire afin de maintenir notre dignité. Nous devons immédiatement stopper avec la culture de la mendicité. L'homme mangera à la sueur de son front, dit-on, et non de la mendicité. Les aides financières que nous recevons de l'Occident sont avilissantes. Elles nous rendent paresseux et ne servent qu'à renforcer le rapport de maître à élève que l'Occident tient à entretenir avec l'Afrique. Il n'y a par exemple rien de plus rabaissant que de recevoir une aide alimentaire dans un pays qui, comme le nôtre, détient l'une des terres les plus fertiles du monde. Nous sommes devenus comme des bébés qui attendent qu'on leur mette la nourriture dans la bouche. Quel infantilisme !

14.3. Afin de nous affranchir de cet *infantilisme diplomatique* dans nos relations avec le monde extérieur, nous devons faire un examen rigoureux de nos rapports avec les organismes internationaux tels que les Nations Unies, l'Union Européenne, la Francophonie, la Banque Mondiale, le Fonds Monétaire International, etc. Au vu de leurs multiples interventions dans notre pays depuis l'indépendance, nous avons toujours émis des réserves très sérieuses sur les intentions de ceux qui tirent les ficelles derrière ces organismes. Jusqu'à ce qu'on nous prouve le contraire, nous partons sur l'hypothèse que ces organismes travaillent pour la poursuite du *néocolonialisme* au profit des grandes puissances du monde. Il appartient à notre peuple de rester vigilant.

14.4. Pour ne citer qu'un seul exemple, disons juste un mot sur le rôle obscur que joue la mission des Nations Unies au Congo (Monuc ensuite Monusco) avec son contingent de 20.000 soldats qui sont stationnés au Congo depuis plus de quinze ans. C'est la plus grande force militaire de l'histoire des Nations Unies. Ces troupes n'ont jamais libéré un seul village du Congo. Bien au contraire, elles ont laissé les envahisseurs et leurs sous-traitants massacrer des millions de Congolais (nous disons bien des millions) et piller systématiquement les ressources minières du Congo. Et pendant ce temps, elles n'ont même pas formé un seul bataillon de militaires congolais afin de défendre leur pays après le départ du contingent onusien. Est-ce là une force de protection ou une armée d'occupation déguisée ? Quelles sont les grandes puissances qui financent ce scandale international sous la couverture des Nations Unies ? À quelles compagnies multinationales profite le trafic des minerais du Congo ? N'est pire aveugle que celui qui refuse de voir.

14.5. Pour dénoncer un autre cas d'*hypocrisie*, nous demanderions aux grandes puissances que si réellement elles veulent nous aider comme elles le prétendent, qu'elles commencent par nous assister dans notre lutte contre la corruption et la mauvaise gestion (qu'elles décrient partout), car ce n'est un secret pour personne que c'est en Europe et aux États-Unis ou dans des institutions financières à travers le monde, qui sont très bien connectées avec l'Occident, que les dirigeants africains déposent l'argent qu'ils volent en Afrique. À quoi sert-il de clamer tout haut que tel ou tel dirigeant africain détourne l'argent de son pays alors que cet argent est gardé dans les institutions financières contrôlées par les grandes puissances ? Aussi, pourquoi ne sanctionnent-elles pas les multinationales de leurs pays qui corrompent les dirigeants africains ? C'est une hypocrisie à laquelle même les naïfs n'y croient plus. Toutefois, nous n'attendons pas un changement dans leur comportement. Ils resteront hypocrites comme par le passé.

14.6. Nous réitérons la *vocation panafricaine* de notre pays et partant réservons une place particulière à l'Union Africaine. En dépit des infiltrations et des pressions externes que subit cet organisme panafricain, nous continuons à croire à l'idéal d'une union beaucoup plus efficace et réelle. Nous devons accroitre notre participation dans sa gestion. Nous pensons que la première tâche de l'Union Africaine est de chercher à convaincre les pays membres de supporter à 100% les charges de l'organisation et de ne plus accepter le support financier de l'extérieur.

14.7. Une attention particulière doit être réservée à nos voisins les plus immédiats, à savoir les neuf pays limitrophes du Congo-Zaïre : L'Angola, le Congo-Brazzaville, la République Centrafricaine, le Sud Soudan, l'Ouganda, le Rwanda, le Burundi, la Tanzanie, et la Zambie. Ce sont nos premiers partenaires naturels avec qui nous sommes appelés à vivre en paix et en harmonie. Nous devons continuer à promouvoir la coopération avec nos voisins et créer des organisations régionales, qui ne feront que renforcer l'Union Africaine. Nous ne cachons pas notre rêve de voir un jour les pays de la région créer une *Fédération des Républiques d'Afrique Centrale*. Cependant nous ne devons **jamais** ignorer les agressions répétées que deux pays voisins, le Rwanda et l'Ouganda, ont perpétrées dans notre pays à l'instigation de l'Occident.

14.8. Le mal que ces deux voisins ont infligé à notre pays a tellement marqué notre peuple que nous demandons aux générations futures de ne jamais l'oublier et de le prendre toujours en considération dans nos relations avec ces deux voisins si nous voulons subsister comme pays indépendant et peuple souverain. Les agressions répétées et les rébellions créées de toute pièce par ces deux voisins et leurs maîtres de l'Occident depuis 1996 jusqu'à nos jours ont causé un génocide de plusieurs millions d'hommes et un manque à gagner économique de centaines de milliards en dollars américains. Les estimations les plus conservatrices de ce génocide se chiffrent actuellement entre 10 et 12 millions de Congolais. Les dégâts économiques sont de l'ordre de plusieurs dizaines de milliards de dollars américains chaque année.

14.9. Il est de notre devoir d'enseigner cette histoire à nos enfants et aux générations futures. Déjà pendant la colonisation, Léopold II, le roi des Belges, a commandité le massacre de plus de dix millions de Congolais – un véritable génocide ; et maintenant le Rwanda et l'Ouganda, avec l'appui de l'Occident et des multinationales, viennent d'en faire autant. Aucun autre peuple du monde n'a enduré une telle souffrance. En guise de pratique rituelle quotidienne, nous demanderons à nos enfants et aux générations futures de jurer, tous les jours qui naissent, sur la mémoire de nos ancêtres, de ne plus jamais permettre qu'un autre peuple vienne nous infliger une telle souffrance. Ignorer son histoire, c'est se renier soi-même ; et quand un peuple se renie lui-même, il cesse d'exister. Tous nous répondrons de nos actes devant L'Éternel Dieu Tout-Puissant.

14.10. Faisons un regard en dehors du continent avant de clore ce chapitre sur les relations avec la communauté internationale. Observons avec attention ce qui se passe dans les pays afrodescendants dans les Caraïbes, et particulièrement en Haïti. Avec toutes ses ressources naturelles, culturelles, et humaines, Haïti qui a arraché son indépendance il y a plus de deux cents ans, pouvait devenir la perle des pays afrodescendants des Antilles. Mais hélas, Haïti a été mis sous tutelle, intentionnellement appauvri et continuellement déstabilisé par l'Occident avec la complicité de leurs nègres de service locaux (la petite oligarchie locale qui dirige ou plutôt croit diriger le pays). Haïti est à beaucoup d'égards le laboratoire de ce que l'Occident veut faire de l'Afrique noire. Ouvrons nos yeux, nous pouvons tirer beaucoup de leçons même sur ce qui se passe en dehors de nos frontières. Les pays dominateurs utilisent les mêmes stratégies partout ailleurs.

Thème 15. Notre Refus Catégorique d'Adhérer à un Parti Politique

15.1. Nous ne sommes au service d'aucun parti politique. Ce document n'est que notre modeste contribution dans le travail gigantesque qui nous attend pour redresser notre pays. Nous n'avons jamais exercé des fonctions politiques dans notre pays. Nous n'avons jamais adhéré à un parti politique et nous ne pensons pas le faire. Nous ne comptons pas non plus en créer un, même pas de façon indirecte, parce que nous ne voulons pas tomber dans les mêmes erreurs que beaucoup d'autres avant nous ont commises. Nous reconnaissons cependant qu'il y a des partis politiques qui ont élaboré des programmes d'actions et des projets de société très louables. Notre refus catégorique d'adhérer aux partis politiques est basé sur plusieurs raisons.

15.2. *Primo*. À notre humble avis, les partis politiques congolais (tels que nous les connaissons) ne font guère allusion aux maux primaires dont souffre notre pays, notamment la décadence de la mentalité collective du peuple congolais, l'oppression, et l'occupation étrangère que nous subissons, le Rwanda et l'Ouganda n'étant que des nègres de service des prédateurs extérieurs. Nous ne pouvons pas travailler avec ces politiciens traditionnels et espérer résoudre les problèmes du pays quand eux refusent de reconnaitre les causes primaires du mal congolais. Le médecin ne peut pas correctement soigner une maladie qu'il n'a pas correctement diagnostiquée.

15.3. *Secundo*. Nous nous inscrivons en faux contre l'obsession à la conquête du pouvoir qui caractérise les partis politiques traditionnels. Certes, il est noble de se mettre à la disposition du pays pour le servir (dans l'armée, la police, l'administration publique, l'appareil judiciaire, etc.), mais hélas chercher à conquérir le pouvoir pour le seul plaisir de devenir une autorité politique relève de la mégalomanie ou d'une folie de grandeur. Nous sommes disposés à servir le pays en quelque capacité que ce soit, mais nous ne n'acceptons pas que l'envie du pouvoir pour le pouvoir soit le moteur de nos actions. En voulant à tout prix conquérir le pouvoir, les politiciens se croient tout permis et ils s'adonnent à des activités de basses moralités telles que les mensonges, des coups bas, des alliances contre nature, et une propagande pleine de fausses promesses qu'ils appellent allègrement stratégies politiques. Nous estimons que nous ne pourrons jamais faire partie d'un groupe de citoyens qui s'adonnent à ce genre d'activités de basse moralité pour le seul plaisir de conquérir le pouvoir politique.

15.4. *Tertio*. Après avoir conquis le pouvoir, les dirigeants des partis politiques s'octroient des postes et des salaires faramineux pendant que le peuple croupit dans la misère. Nous refusons de nous associer aux prédateurs du peuple. Comme nous l'avons indiqué plus haut concernant le *Profil du Nouveau Dirigeant Politique* (Points 6.1-6.5), nous avons la ferme conviction qu'il y a beaucoup de personnes très compétentes et très dévouées en dehors des partis politiques, qui peuvent servir le pays à titre purement bénévole ; et ces personnes sont de surcroit prêtes à se soumettre à l'évaluation populaire même en dehors des élections afin de s'assurer que les résultats de leur travail correspondent aux aspirations du peuple. Comme beaucoup d'autres compatriotes, nous sommes disposés à servir le pays à titre totalement bénévole.

15.5. Enfin, *quarto*. Les partis politiques tels que nous les voyons dans notre pays sont de petites dictatures dont les leaders ne cherchent qu'un positionnement politique pour des postes au gouvernement ou dans d'autres institutions du pays. À notre connaissance aucun parti politique congolais n'a organisé des primaires au sein du parti pour élire ses dirigeants. Même quand ils organisent des congrès, les résultats sont boutiqués en avance comme du temps du MPR parti-état. Les partis politiques tels que nous les connaissons au Congo-Zaïre et bien d'autres pays Africains n'ont jamais développé une culture de démocratie dans leurs propres camps. Ce n'est pas étonnant que nous passions de dictature en dictature à la tête de l'état dans beaucoup de pays africains. Nous refusons de nous associer à cette classe politique.

Conclusion. Le Résumé de Nos Pensées

16.1. Le thème principal de nos réflexions reste la prise de conscience de la situation réelle du pays, le diagnostic ou la recherche des causes profondes de nos problèmes tant sur le plan interne qu'externe, la révolution mentale ou la réappropriation de notre moi individuel et collectif, l'engagement et la détermination de reprendre le contrôle de notre destin afin de bâtir un avenir meilleur pour nos enfants et les générations futures. Nous pouvons résumer les grandes lignes de nos réflexions en quelques points comme suit.

16.2. Le pays est au bord de l'abîme (certains diraient même que nous sommes déjà au fond du précipice), et nos souffrances n'ont pas commencé hier. C'est depuis plus de six siècles que nous Africains avons permis aux autres de nous dominer : l'esclavagisme, l'exploitation sauvage de nos ressources par l'Occident, le dépeçage de l'Afrique comme un gâteau en plusieurs morceaux, la colonisation de l'Afrique, les indépendances nominales, le néocolonialisme, et enfin l'exploitation des temps modernes par les compagnies multinationales en complicité avec les gouvernements des grandes puissances du monde. Et comme pour terminer cette série macabre pour le cas spécifique de notre pays, le Congo-Zaïre, c'est l'occupation pure et simple du pays depuis 1997 et le pillage systématique de ses ressources par les mêmes grandes puissances et leurs multinationales en se servant de deux pays voisins (le Rwanda et l'Ouganda) et d'un contingent militaire de l'ONU d'à peu près vingt mille hommes.

16.3. Nous Africains, et particulièrement nous Congolais, devons prendre conscience que c'est nous-mêmes qui, consciemment ou inconsciemment, activement ou passivement, avons laissé les autres nous dominer. Parmi les faiblesses internes que nous avons dénoncées et à travers lesquelles l'oppresseur nous manipule et nous domine, nous avons cité : (1) l'aliénation mentale généralisée, (2) l'ignorance collective des enjeux du moment, (3) la disparition des idéaux et des valeurs morales et spirituelles, (4) la montée de l'immoralité et de la haine, (5) l'égoïsme et l'effritement du souci de l'intérêt public, (6) la corruption et l'envie exagérée du gain facile, (7) le tribalisme et l'ethnocentrisme. Nous devons nous atteler vigoureusement à fermer ces brèches de faiblesse qui nous ruinent tant en interne que dans nos relations avec le monde extérieur.

16.4. Nous avons également répertorié les armes dont l'oppresseur dispose pour nous dominer : (1) l'entretien de l'aliénation mentale de l'opprimé, (2) la propagande médiatique pour contrôler l'opinion publique et masquer les vérités qui le dérangent, (3) la ruse et le mensonge afin de déguiser ses méfaits et crimes, (4) la corruption des dirigeants africains, (5) les menaces et le clientélisme politique dans le chef des dirigeants africains, (6) et enfin l'usage de la force physique : coup d'état, assassinat politique, agressions armées, des pseudorébellions, et l'activation des conflits ethniques ou frontaliers. Notez surtout le parallélisme entre nos faiblesses internes et les armes que l'oppresseur utilise.

16.5. Face au modus operandi de l'oppresseur et en connaissance de nos faiblesses internes, notre première ligne de défense n'est ni politique ni militaire ; elle est plutôt et avant tout d'ordre mental (nos dirions même spirituel pour ceux qui peuvent naviguer à ce niveau-là). Loin de nous l'idée de sous-estimer la lutte politique ou militaire. Bien au contraire, nous avons besoin de toutes les formes de lutte pour libérer le pays. Notre insistance sur la primauté du combat mental n'exclut pas l'organisation des activités politiques et militaires. Une révolution mentale est la condition *sine qua non* du changement que nous voulons pour notre pays en ce moment-ci. Le principe fondamental est que l'engagement mental est la meilleure arme dont dispose un peuple. Aucune armée du monde (d'oppression ou d'occupation) ne peut arriver à bout d'un peuple déterminé, entendez aguerri mentalement. La libération mentale vient avant toute autre forme de lutte.

16.6. En dépit des apparences et de tout ce que nous aimons clamer à cor et à cri, il y a encore beaucoup à faire dans notre combat mental. Nous devons continuer à nous conscientiser mutuellement. Un peuple qui souffre encore de complexe vis-à-vis des autres ne peut se libérer. Un peuple qui accepte le statu quo, comme un fait accompli et immuable, est condamné au fatalisme et se laissera dominer par les autres. Certains nous diront : nous comprenons toutes ces théories et pourquoi sommes-nous toujours sous l'oppression étrangère ? La réponse est simple. Comprendre ne suffit pas, il faut en être convaincu et surtout prendre l'engagement d'agir et de changer la situation. Malheureusement, le nombre de ceux qui se sont mentalement engagés n'a pas encore atteint les proportions suffisantes pour amorcer le décollage. Nous n'avons pas encore atteint cette masse critique. Il y a encore parmi nous beaucoup de traitres ou prisonniers mentaux qui retardent notre élan collectif vers la libération totale des peuples africains et congolais en particulier.

16.7. Parmi ces traitres et prisonniers mentaux, nous retrouvons nos compatriotes qui collaborent avec les occupants et les puissances étrangères juste pour devenir des pantins et remplir leurs poches. De même, la plupart d'opposants politiques congolais ne sont opposants que de noms, car ils ne dénoncent même pas les maux primaires dont souffre le pays. Ils semblent seulement obsédés par la conquête du pouvoir afin qu'eux aussi arrivent aux affaires et remplissent leurs poches comme le font les collabos qu'ils combattent. C'est cette prétendue élite politique, toutes tendances confondues, qui consciemment ou inconsciemment empêche le reste du peuple à s'épanouir et à décoller.

16.8. Nous soulignons encore une fois que même le soulèvement populaire ne pourra réussir que dans un climat de révolution mentale. Nous avons démontré que le soulèvement populaire est un mouvement qui doit être minutieusement préparé et exécuté avec beaucoup de coordination avec tous les groupes concernés, y compris quelques groupuscules d'agents doubles qu'on doit réussir à infiltrer dans le pouvoir d'occupation (dans la police, l'armée, le service de renseignement, le gouvernement, etc.). Si nous nous y prenons en amateurs sans préparation adéquate, nous risquons de déshabiller Saint Pierre pour habiller Saint Paul et revenir à la case du départ.

16.9. Au cours de nos réflexions, nous avons également proposé plusieurs pistes de solution en face des enjeux majeurs du moment. Nous avons parlé de la réorganisation du système politico-administratif et judiciaire du pays ainsi que du profil de ceux qui sont appelés à animer les institutions de l'état. Nous avons défendu la nécessité de la révision de la constitution et d'une période de transition afin d'installer de nouvelles institutions. Nous avons soutenu que tout programme de développement économique ait comme finalité le bien-être concret des citoyens et doit commencer par les activités qui garantissent l'autosuffisance alimentaire du pays. Nous avons soutenu que la gratuité de l'enseignement (du primaire à l'université) et la garantie des soins médicaux pour tous sont des domaines prioritaires pour l'épanouissement social du peuple. Nous avons dénoncé une série d'inégalités sociales que nous devons combattre vigoureusement. Nous avons proposé des voies et moyens d'assister le peuple à exercer de façon effective son rôle de souverain primaire. Nous avons réaffirmé notre volonté de redéfinir les relations avec les pays voisins et la communauté internationale.

16.10. Enfin, nous le répétons encore, il n'y a pas de succès dans la vie d'un homme ou d'un peuple sans l'engagement mental. Le mental contrôle le physique. C'est ce soubassement mental qui planifie et génère l'énergie nécessaire pour accomplir toute œuvre de valeur. Ensemble nous continuerons à croitre la masse de ceux qui atteignent le niveau idéal de cet engagement mental. Nous soulignons également que le combat devant nous est un combat de longue haleine, qui va s'étendre sur plusieurs générations. Ensemble nous pouvons dès à présent semer les graines d'une nouvelle civilisation au cœur de l'Afrique.

Vive le Congo-Zaïre, Vive le Cœur d'Afrique !

Annexe. Election à Ciel Ouvert et Comptage des Voix en Pyramide

De 2016 à 2018, toutes les institutions de la république étaient hors mandat suite au refus du régime en place d'organiser des élections. C'est finalement en décembre 2018 que le régime de Kabila organisa une mascarade électorale qui n'a apporté aucune légitimité aux institutions de la république. Nous connaissons la suite. Tout en reconnaissant la nécessité des élections, nous insistons encore une fois de plus, comme nous l'avons déjà fait dans le document principal, le premier problème du Congo-Zaïre en ce moment-ci est avant toute chose l'occupation du pays par des puissances étrangères et les multinationales, le Rwanda et l'Ouganda n'étant que des nègres de service. Nous restons convaincus qu'il n'y aura jamais d'élections crédibles tant que le pays restera sous l'occupation et la tutelle de la nébuleuse communauté internationale. Mais tôt ou tard, certainement après la libération du pays, nous aurons à faire face à l'organisation des élections.

Après des années d'observation et de réflexion, nous sommes arrivés à la conclusion qu'il nous faut commencer par mettre fin à certains mythes que nous avons hérités de l'Occident concernant les élections. Nous, Africains, avons accepté comme des petits élèves tout ce que les Occidentaux nous disent sur l'organisation des élections. Nous ne nous posons même pas la question de savoir si tout ce qu'ils nous disent est adapté à nos conditions sociales, culturelles, politiques, et économiques. C'est à cause de cette aliénation mentale que beaucoup d'entre nous pensent à tort que nous devons copier à la lettre tout ce que font les Occidentaux. C'est dans ce contexte de maître à élève que les Occidentaux s'érigent en donneurs de leçons de démocratie et nous cassent les oreilles avec les élections alors que ce sont eux-mêmes qui tripatouillent de façon grossière les élections dans beaucoup de pays africains afin de hisser au pouvoir leurs marionnettes. Si la démocratie se résume en des élections tripatouillées par l'Occident ou la fameuse communauté internationale, nous n'y souscrivons pas.

L'objectif primordial de toute élection est de permettre au peuple de s'exprimer librement sur le choix de ses dirigeants ou sur des questions majeures d'intérêt collectif telles que les amendements à la constitution. Le processus électoral doit garantir dans la mesure du possible deux choses : (1) que les électeurs fassent leur choix en toute liberté, c'est-à-dire sans contraintes physiques ou mentales ; (2) et que le processus soit transparent et crédible, c'est-à-dire toutes les parties concernées (les citoyens ordinaires, les partis politiques, les observateurs agréés, les forces de l'ordre, etc.) peuvent suivre, observer, et vérifier que toutes les opérations du processus électoral se passent normalement et qu'il n'y a pas de fraude ou d'irrégularités flagrantes. La règle d'or est que rien ne doit se faire en cachette et tout doit être vérifiable par les parties concernées. Nous pouvons alors nous poser deux ou trois questions et essayer d'y répondre.

Première question : Pourquoi un processus aussi clair et simple dans sa conception, doit-il coûter plus du tiers du budget de l'état ? En effet, en 2016 le pouvoir en place en RDC avait estimé que le processus électoral allait coûter 1,8 milliard de dollars américains alors que le budget total de l'état était estimé à 4,5 milliards de dollars américains pour l'année 2017. La seule explication plausible à cette aberration est que le pouvoir en place voulait seulement montrer aux yeux du monde qu'il était matériellement impossible d'organiser les élections sans sacrifier pratiquement tous les programmes sociaux du pays, et partant trouver une excuse pour demeurer au pouvoir le plus longtemps possible. La réponse à notre question devient claire : les prévisions budgétaires pour les élections étaient intentionnellement exagérées à l'extrême afin de s'en servir comme manœuvres dilatoires pour reporter les échéances électorales aussi longtemps que possible. Nous restons convaincus que les élections en RDC peuvent être organisées avec peut-être le quart ou le cinquième de ce que le pouvoir en place avait prévu et qu'il a certainement utilisé ces prévisions budgétaires exagérées pour se remplir les poches.

Deuxième question : Pourquoi un processus aussi clair et simple dans sa conception ne peut-il pas être exécuté avec des moyens matériels simples ? En d'autres termes, pourquoi doit-on recourir à des matériels trop sophistiqués, telles que les machines à voter, dans un pays où la majorité de la population vit en milieu rural où aucune machine électronique ne peut fonctionner par manque d'électricité et l'absence des réseaux internet ? En plus, la quasi-totalité de la population rurale n'a jamais utilisé un appareil électronique moderne. Ici encore, la réponse à cette question est simple : la sophistication du matériel est faite à dessein afin de rendre le processus trop complexe, et ce faisant, réduire la transparence et la vérification de toutes les étapes du processus. En effet, une utilisation abusive des machines trop sophistiquées ouvre la porte à la fraude, car seuls des agents (que le pouvoir en place peut facilement corrompre) sont habilités à manipuler ces machines. Nous savons tous que la Commission Électorale Nationale Indépendante (CENI) n'est indépendante que de nom. Dans cette confusion technologique intentionnellement créée et entretenue par la CENI il devient illusoire, voire impossible, pour les autres parties concernées de vérifier la bonne marche de ces machines, parce qu'elles ne maîtrisent pas la technologie et les logiciels qui ont été utilisés pour programmer ces machines (fichiers d'électeurs, kits électoraux, ordinateurs, serveur central, etc.). Pour une personne étrangère au système, essayer de pénétrer dans tous ces labyrinthes technologiques est un combat perdu en avance !

Si la sophistication des machines était la solution aux problèmes d'élections, il n'y aurait pas toutes ces contestations des résultats dans les pays qui sont technologiquement avancés. Juste à titre d'exemple, voyons seulement ce qui s'est passé aux États-Unis au cours de vingt dernières années. Nous nous rappelons bien du contentieux électoral de l'an 2000 qui opposait Al Gore à George W. Bush et qui a conduit à un recomptage public et télévisé des bulletins de vote en Floride. C'est finalement la Cour Suprême qui trancha en dernier ressort. Que dire des allégations selon lesquelles la Russie aurait essayé d'infiltrer le processus électoral des présidentielles américaines en 2016 en faveur de Donald Trump ? Et plus récemment en 2020, nous avons tous suivi le spectacle de mauvais goût auquel le président sortant Donald Trump nous a conviés en contestant sa défaite contre Joe Biden. L'équipe de Trump a engagé plus de cinquante procès qui sont allés jusqu'à la Cour Suprême du pays. Si tout cela peut arriver dans le pays le plus avancé du monde en matière de technologie comme les États-Unis, imaginons un peu ce qui se passerait dans les pays africains où l'Occident, plus particulièrement la France, essaye toujours de placer au pouvoir leurs nègres de service pour servir leurs propres intérêts. Cela n'est un secret pour personne. Dans les conditions spécifiques de notre pays en ce moment-ci, la sophistication des machines à voter n'est pas la solution à la réussite des élections. Bien au contraire, la sophistication paraît même en être le problème.

Troisième question : Pourquoi le choix des candidats doit-il absolument se faire dans le secret le plus absolu, entendez dans l'isoloir et les urnes c.-à-d. dans l'obscurité la plus totale où personne ne voit personne ? L'urne ou la machine à voter deviennent comme des boîtes noires dont personne ne connait ce qui se passe à l'intérieur. Y a-t-il une honte à exprimer son choix sur l'un ou l'autre candidat au su et au vu de quelques témoins ? La réponse est claire : il n'y en a pas. Bien au contraire, on doit en être fier. Certains se demandent s'il y aurait risque que les candidats qui ont échoué aux élections s'en prennent aux électeurs qui n'ont pas voté pour eux. La réponse est simple : c'est non, car il leur est impossible d'identifier les milliers de personnes qui n'ont pas voté pour eux. Ils devront disposer des ressources trop importantes et d'une milice à la taille d'un état pour s'en prendre à la population, le souverain primaire. Quiconque dispose d'une telle entreprise militaro-administrative ne perdrait pas son temps à se soumettre au jeu démocratique. Il serait de loin plus facile pour lui de prendre le pouvoir ou de le maintenir par la force. Cette peur de représailles n'est qu'un mythe que nous avons hérité de l'Occident à travers notre éducation. Et vous constaterez que c'est surtout nous, intellectuels de nom et aliénés culturels, qui défendons et perpétuons ce mythe. Il est important de souligner que c'est cette obstination de travailler dans l'obscurité et le secret qui nous crée des problèmes. C'est une évidence universelle que c'est dans l'obscurité que les mauvaises choses se font. C'est ainsi que les dirigeants africains (à quelques exceptions près) et leurs maîtres à penser de l'Occident profitent de notre naïveté et notre croyance à un mythe complètement inadapté à nos réalités pour tripatouiller les élections un peu partout en Afrique.

Même dans les pays occidentaux qui nous prêchent le secret absolu du vote, pourquoi pratiquent-ils le vote public dans leurs parlements afin que tout le peuple voie de leurs propres yeux les choix de ceux qui le représentent ? Nous savons bien que ces parlementaires votent selon leurs consciences et visions politiques, mais cela n'empêche pas qu'ils le fassent en public dans l'hémicycle au vu et au su de tous même quand leurs votes sortent des options adoptées par leurs partis politiques respectifs. Pourquoi les citoyens ordinaires ne peuvent-ils pas se permettre les mêmes privilèges et jouir ainsi de l'assurance que leurs votes sont comptés de la façon la plus transparente possible ?

Que faire alors ? Nous proposons ce que nous appelons des élections à *ciel ouvert* avec un comptage immédiat en vagues successives au niveau des unités de base et un ***comptage final en pyramide*** de la base vers le sommet pour compiler les totaux. Pour y parvenir, nous devons commencer par casser le mythe du secret absolu de l'isoloir et des urnes comme nous venons de le démontrer un peu plus haut. La poursuite effrénée et injustifiée d'un secret absolu et la garantie de la transparence sont en général incompatibles l'un de l'autre.

Ensemble, utilisons notre imagination et adaptons le processus électoral à nos réalités sur le terrain tout en gardant parfaitement sa finalité. Nous proposons la création des unités de base ou des *micro-circonscriptions électorales* d'à peu près mille personnes chacune. L'intention est de créer des unités dont la taille permet un comptage visuel direct et facilement vérifiable par les témoins des parties concernées (témoins des partis politiques, observateurs agréés, agents de l'ordre public, etc.). Nous estimons qu'au jour du vote les mille votants de chaque unité pourront être servis par vague de cent à deux cents personnes qui voteront à découvert, ce qui permet un comptage immédiat. Les résultats des vagues successives de votants seront additionnés au fur et à mesure que le vote continue pendant la journée. Pour chaque unité de base, les totaux seront connus en moins d'une heure après la dernière vague de votants à la fin de la journée. On n'aura pas besoin de transporter des urnes d'un endroit à un autre.

Les résultats des unités de base seront transmis en *système de pyramide* suivant les structures administratives. Cinq, dix, vingt, ou trente unités de base transmettent leurs résultats à la Chefferie. Les Chefferies transmettent leurs résultats aux Secteurs ou Collectivités. Et la pyramide continue vers les Communes ou Territoires, jusqu'aux Provinces ou Régions. Ainsi, même avant minuit de la journée électorale, des résultats provisoires fiables seront connus. Et en moins de 24 heures, des résultats complets et définitifs seront disponibles. Le processus de validation des résultats par les autorités compétentes et les cours appropriées ne sera plus qu'une formalité administrative.

Loin de nous l'idée de prétendre que ce système d'élection avec des moyens primaires se passera sans aucun problème, la perfection n'étant pas de ce monde. D'autres suggestions seront les bienvenues. Toutefois, nous pensons avoir proposé un système qui est adapté à notre environnement et qui garantit la transparence et la fiabilité des résultats. Quand il sera temps de mettre en pratique ce système, nous pourrons le tester en commençant par les élections au niveau local (chefferie, secteur, ou commune) au cours desquelles l'engouement populaire et les émotions n'atteignent pas le niveau extrême que nous observons lors des élections présidentielles ou législatives nationales. Les erreurs d'ordre pratique sur le terrain seront répertoriées et corrigées d'étape en étape jusqu'au niveau national. Ainsi, si nous le voulons, nous pouvons mettre en place un processus électoral simple, parfaitement transparent, très fiable, et dont le coût sera vraisemblablement très bas et à notre portée. Nous restons convaincus que, si nous ne mettons pas en place notre propre système sans copier aveuglement des modèles préconçus en Occident et téléguidés par l'Occident, nous ne réussirons pas.

Concernant le financement extérieur dont on parle tant, nous mettons en garde notre peuple que les puissances de ce monde ne font **jamais** des dons. Leurs offres alléchantes de financement du processus électoral ne sont ni un acte de charité ni un don sans intérêt. C'est plutôt un piège qui leur permet de s'infiltrer dans le processus électoral d'autres pays afin de le tripatouiller à leur gré. Les élections doivent être financées à 100% par l'état congolais. Accepter l'aide extérieure pour les élections, c'est renoncer à une partie de sa souveraineté et donner libre cours aux prétendus bienfaiteurs de tripoter avec le processus et y placer leurs nègres de service. Dans la gestion d'un pays, il y a certaines activités qui relèvent de la souveraineté d'un peuple et pour lesquels on n'associe pas les étrangers, surtout quand on sait très bien que leurs intérêts sont souvent opposés à ceux de notre peuple.

En conclusion, quel que soit le système que nous préconisons, les élections ne seront pas organisées comme il se doit tant que le pays est sous occupation de puissances étrangères. Les occupants vont soit continuer à utiliser des manœuvres dilatoires afin que leurs marionnettes gardent le pouvoir le plus longtemps possible, soit ils vont truquer les élections et placer au pouvoir d'autres marionnettes dans toutes les institutions du pays. Ce ne sont pas là des hypothèses d'école ; ces puissances extérieures l'ont fait dans notre pays au vu et au su de tout le monde, non pas une fois, non pas deux fois, mais trois fois dans l'histoire récente de notre pays : en 2006, en 2011, et plus récemment en 2018. Comme nous l'avons souligné dans le document principal, la priorité pour le moment (nous sommes en 2021), c'est d'extirper les occupants de toutes nos structures politiques, administratives, militaires, et sécuritaires. Et ensuite les filles et fils du pays se mettront ensemble pour organiser les élections en toute souveraineté et nous n'aurons pas besoin de l'aide financière étrangère.

Vive le Congo-Zaïre, Vive le Cœur d'Afrique !

Made in the USA
Middletown, DE
17 November 2022